民主主義とは何か

宇野重規

講談社現代新書

2590

はじめに

この本はタイトルの通り、「民主主義とは何か」を考えるものです。そのようにいうと、直ちに、「いや、『民主主義とは何か』なんて、小学校のときから何度も習っているよ！」という声が返ってきそうです。

本当にそうなのでしょうか。民主主義について、疑問はないのでしょうか。

例えば、次のどちらが正しいでしょうか。

Ａ１「**民主主義とは多数決だ。**より多くの人々が賛成したのだから、反対した人も従ってもらう必要がある」

Ａ２「民主主義の下、すべての人間は平等だ。多数派によって抑圧されないように、**少数派の意見を尊重しなければならない**」

どうでしょう。どちらも正しそうです。

民主主義は王様や貴族のような特権的な存在を認めません。すべての人間を平等な個人とみなします。もちろん、一人ひとりの人間には違いがあります。まったく同じ人間は世界に存在しないでしょう。にもかかわらず、すべての人間は、人間として、等しくその権利を認められるべきだとするのが、平等の理念です。

そうであれば、一人一票を原則にするしかないでしょう。物事を決めるにあたって、少しでも数が多い方の意見を採用するのが正しいという考えには、一定の説得力がありそうです。かつてイギリスの首相ウィンストン・チャーチルがいったとされる言葉に「民主主義とは、頭をかち割る代わりに、頭数を数えることだ」があります。数が多い方が正しいとは限りませんが、少なくとも殺し合いをするよりはましだ、というわけです。

かといって、すべての個人が平等である以上、一人ひとりを尊重する必要があるということも間違いありません。フランスの思想家アレクシ・ド・トクヴィルなどが「多数の暴政」に警鐘《けいしょう》を鳴らしたように、数の多い側が、少ない側の自由や権利を奪い、抑圧した事例は過去にいくらでもあります。それに歯止めをかけてこその民主主義といえるでしょう。

次はどうでしょうか。

Ｂ１「民主主義国家とは、公正な選挙が行われている国を意味する。**選挙を通じて国民の代表者を選ぶのが民主主義だ**」
Ｂ２「民主主義とは、自分たちの社会の課題を自分たち自身で解決していくことだ。**選挙だけが民主主義ではない**」

これも難しいところです。

現代世界において、民主主義国家とそうでない国家を区別する最大の基準は、公正な選挙の有無です。多数の人口を抱える国家において、すべての国民が集まったり、あらゆる問題を国民投票にかけたりすることが現実的ではない以上、国民の代表者を適切な手続きによって選ぶことはとても重要です。

しかしながら、選挙さえ行われれば、それで十分といえるでしょうか。かつてフランスの思想家ジャン＝ジャック・ルソーは、「イギリス人は自由だというが、自由なのは選挙のときだけで、選挙が終われば奴隷に戻る」と批判しました。選挙のとき以外、国民にとって政治が遠いものであるならば、それが本当に民主主義なのか疑問が残ります。選挙以外の日常的な市民の活動においてこそ、民主主義の真価が問われるはずです。

最後にもう一つ、考えてみましょう。

C1「**民主主義とは国の制度のことだ**。国民が主権者であり、その国民の意思を政治に適切に反映させる具体的な仕組みが民主主義だ」

C2「**民主主義とは理念だ**。平等な人々がともに生きていく社会をつくっていくための、終わることのない過程が民主主義だ」

どちらの言い分も耳にしたことがあるはずです。

民主主義は英語ではデモクラシーですが、その語源は、古代ギリシアに遡《さかのぼ》ります。後に検討するように、元々の意味は「人々の力、支配」です。その当時、政治体制には、君主政、貴族政、民主政の区別がありました（以下、政治体制として特定する場合は民主政とも表現しますが、民主主義と同じデモクラシーです）。一人が支配するか、少数者が支配するか、それとも多数者が支配するか、という違いです。その点において、民主主義が政治体制の一分類であり、国の制度を意味することは、現代でも変わりません。

その一方で、民主主義は国の制度だけに尽きるものでもないでしょう。現代社会においても、ジェンダーや人種、宗教などによる差別や不平等の問題が残っていることはいうまでもありません。そのような不平等を一つひとつ乗り越えていくことが民主主義ともいえます。かつて日本の政治学者・丸山眞男は、民主主義は永久革命だといいました。

このように、私たちが自明だと思っている民主主義ですが、よくよく考えてみると、それが何を意味するのかわからなくなってしまいます。

「民主主義は多数決の原理だが、少数者を保護することでもある」

「民主主義とは選挙のことだが、選挙だけではない」

「民主主義は具体的な制度だが、終わることのない理念でもある」

民主主義を語るとき、どうしても「～ではあるが、それだけではない」という語り方がつきまといます。


本書は、この問題に対し、歴史的にアプローチしようと考えています。

すでに触れたように、民主主義という言葉は古代ギリシア以来、二五〇〇年以上の歴史があります。それだけ長い間に使われてきた言葉ですから、意味する内容が歴史のなかで大きく変化したとしても不思議ではありません。多くの、ときに矛盾するような意味が、そこに込められていることも十分にありえます。

本書では、民主主義の歴史における大きな画期として、古代ギリシアにおける「誕生」、近代ヨーロッパへの「継承」、自由主義との「結合」、そして二〇世紀における「実現」を検討していきます。ここで、いずれのキーワードにもカッコがついているのには、理由があります。それを本当に「誕生」とみていいのか、真に「継承」されたのか、矛盾なく「結合」したのか、そして最終的に本当に「実現」したのか。どれも自明ではなく、あるいは疑問が残ることを示していきます。何より、歴史を貫くような民主主義の一つの理解があるのかどうか、これが本書にとっての最大の問いとなります。

その意味で、「これが唯一の正しい民主主義の理解だ」という答えにすぐに飛びつくのではなく、変化し、相互に矛盾する多様な民主主義の意味を、少しずつ丁寧に解きほぐし、分析していくことが大切です。その上で、現代において生きる私たちにとってもっともふさわしい意味へと再解釈していくことが、本書の最大のねらいとなります。ある意味で、一人ひとりの読者がそれぞれに「民主主義を選び直す」ことが本書のゴールなのです。

その際、全体を貫くキーワードとなるのは「参加と責任のシステム」です。人々が自分たちの社会の問題解決に参加すること、それを通じて、政治権力の責任を厳しく問い直すことを、民主主義にとって不可欠の要素と考えるからです。「民主主義を選び直す」ことは、そのための第一歩なのです。

これから述べていくように、今日、民主主義への信頼が大きく揺らぎつつあります。それだけに、「民主主義とは何か」を考え直すことが、とても大切なのではないでしょうか。それでは始めましょう。

目次

序　民主主義の危機

民主主義の四つの危機

現代は民主主義がさまざまな危機に直面している時代です。いずれも大きな危機であることに加え、それらが同時に押し寄せているのが特徴です。結果として、民主主義はいわば「瀕死《ひんし》」の状態にあるといえます。「民主主義はこの苦境を越えられないのではないか」「もはや民主主義の時代は終わったのではないか」という懸念を、私たちは日々、耳にしています。

しかしながら、これから本書でみていくように、過去においても民主主義は何度も危機を乗り越えてきました。というよりもむしろ、民主主義はつねに試練にさらされ、苦悶し、それでも死なずにきたというのが現実に近いでしょう。いつの時代にも民主主義の批判者はいました。それでも民主主義は続いてきたのです。

そうだとすれば、今回の危機についても、民主主義が自らを変容させ、進化させるきっかけとする可能性を否定できません。そのためにもまず、現在、民主主義がいかなる危機と向き合っているのかを冷静に見定める必要があるでしょう。

今日における民主主義の危機を、四つのレベルで考えてみたいと思います。第一はポピュリズムの台頭、第二は独裁的指導者の増加、第三は第四次産業革命とも呼ばれる技術革新、そして第四はコロナ危機です。第一が主として欧米の先進諸国の問題であるとすれば、第二は中国をはじめ、アジアやアフリカなどの国々に多く見られます。そして第三と第四は、まさに全世界的な現象です。

ポピュリズムの台頭

ポピュリズムという言葉が、世界的な話題になったのは二〇一六年でした。大きな転機になったのは、同年六月のブレグジットです。議会主義の祖国ともいわれた英国で国民投票が行われ、EU(欧州連合)からの離脱を決めたことは、世界に大きな驚きを与えました。背景にはさまざまな要因がありますが、離脱キャンペーンにおいて、「EUを離脱すれば、分担金を国民保険サービス(NHS)に回せる」といった多くの虚偽の情報が飛び交い、それが投票の結果に少なからぬ影響を与えたことは間違いありません。

ブレグジットの背景としてしばしば指摘されるのが、中高年の白人労働者層を中核とする、いわゆる「置き去りにされた人々」の不満です。産業構造の転換などによって経済的に苦境に立たされた人々が、首都ロンドンや移民・外国人労働者への反発を強めるなか、「EU離脱によって英国の自己決定権を取り戻し、主権を回復する」という訴えかけはきわめて魅力的に響きました。虚偽の情報によって扇動された側面があるとしても、そのような「置き去りにされた人々」にとって、EU離脱はまさしく「民主主義の勝利」だったのです。ここにポピュリズムと民主主義の難しい関係が表れています。

たしかにポピュリズムは、不正確な、ときに虚偽の情報に踊らされ、扇動された大衆による非合理的な決定として理解される側面があります。さらに、自らの権力獲得のために、そのような大衆を操作し、あるいは迎合する政治家の政治的スタイルを指してポピュリズムと呼ぶこともあります（その場合、「大衆迎合主義」とも訳されます）。

しかしながら、政治学者の水島治郎《じろう》が指摘するように、このようなポピュリズムを民主主義への脅威としてのみ捉えるのは一面的でしょう（『ポピュリズムとは何か』）。ポピュリズムには既成政治や既成エリートに対する大衆の異議申し立ての側面もあります。その意味では、ポピュリズムを単純に民主主義と対立させるわけにもいかないのです。むしろポピュリズムには民主主義と相通じる部分があり、ポピュリズムが提起した問題に対して、民主主義も正面から取り組む必要があるのです。

同年一一月の米国大統領選も、ポピュリズムを考える上で重要なきっかけとなりました。公職についたことがなく、政界の完全なアウトサイダーであった不動産王ドナルド・トランプは、多くのメディアや専門家の予想を裏切り、選挙戦に勝利します。目立ったのは、ヒラリー・クリントンら既成の政治的エリートに対する、ときにフェイク・ニュースを含む激しい攻撃と、特定の国からの移民を犯罪者扱いし、メキシコ国境に壁を建設するといった差別的な主張でした。自らに批判的な『ニューヨーク・タイムズ』やCNNを罵倒し、「アメリカ第一主義」を唱えて世界を困惑させるなど、これまでのアメリカ政治の常識を覆したトランプですが、結果として大旋風を巻き起こし、大統領に当選したのです。

2016年米大統領選挙最終日のドナルド・トランプ。写真：新華社/アフロ

さらにこの大統領選では、ロシアによるサイバー攻撃やSNS（ソーシャル・ネットワーキング・サービス）を通じたプロパガンダによる、トランプ勝利のための大規模な介入があったとされます。もし仮に、一国の選挙が他国によって容易に操作されるとすれば、民主主義にとって由々しき事態です。政治家自身によってマスメディアが攻撃されるなか、国際的な情報操作が加わり、いったい何を信じればいいのか、「フェイク」とそうでないものに境界線があるのか、深刻な疑念が生じることになりました。

一方、選挙戦を通じて、このようなトランプを熱狂的に支持する人々の存在が浮き彫りになったのも明らかです。「ラストベルト（さびついた地域）」と呼ばれる旧工業地帯において、かつてアメリカの産業を支えた労働者たちは、地域の衰退と自らの前途への不安に苛まれています。彼らにとって、既成政党への失望やグローバル化への反発の感情を受け止めてくれる政治家は、トランプしかいなかったのです。「アメリカを再び偉大にしよう（メイク・アメリカ・グレイト・アゲイン）」という訴えかけは、そのような人々の心の琴線に確実に触れました。社会に潜在する不安や不満をすくい上げるのが民主主義の役割であるとすれば、トランプの選挙戦もまたそのような役割をはたしたといえるのではないでしょうか。それが言論への抑圧や排外主義などと結びついたところに、問題の複雑さがあるのです。

ポピュリズムという言葉、あるいはこの言葉が指すような現象はけっして新しいものではありません。既成政党やエリートへの不信が募った時代に、不満を持った人々が既存の中間的な組織（政党や労働組合、利益集団、宗教組織など）を飛び越して、カリスマ的な指導者を直接支持し、それが大きな政治的な変動を引き起こすことは、二〇世紀の南米諸国などでもしばしば見られました。しかし、二〇一六年のブレグジットやトランプ現象が注目されるのは、現代グローバリズムを先導するとされる英米両国でポピュリズムが起きたからです。

既存の枠組みに止《とど》まる限り、自分たちの不満や不信は無視されるばかりだと考えた人々

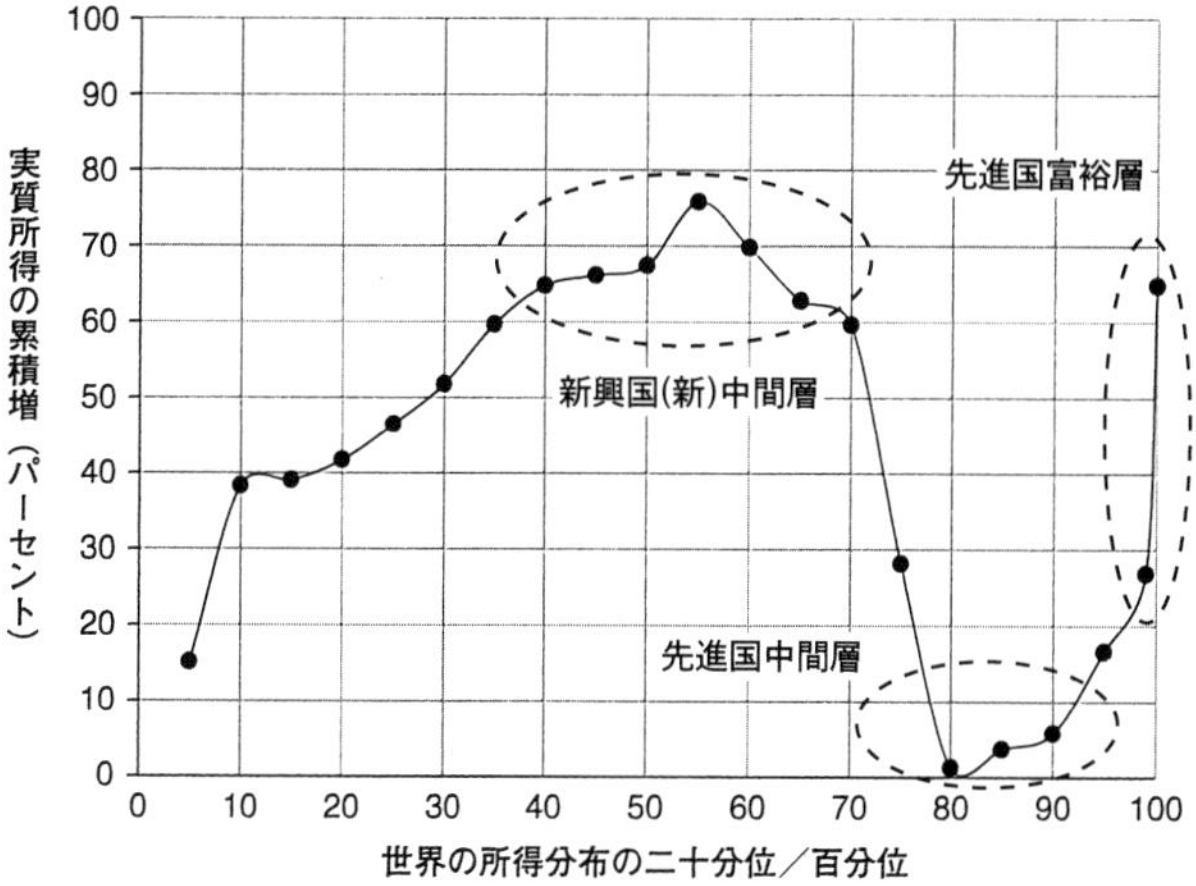

グローバルな所得水準で見た一人当たり実質所得の相対的な伸び　1988-2008年
（ブランコ・ミラノヴィッチ『大不平等 エレファントカーブが予測する未来』みすず書房、13頁を元に作成）

が、一人の指導者に思いを託すこと自体は否定されるべきではないでしょう。とはいえ、そのことが、代表制の機能不全を前提とするものであり、よりＨ常的なレベルで自分の考えを政治と結びつけていく回路の不在を意味するならば、民主主義にとってけっして幸福なことではありません。ポピュリスト指導者たちは、人々のこのような不満や不信を土壌に力を拡大します。やがては自分だけが国民を代表するとして、他の政治家や組織を抑圧することも少なくありません。ポピュリズムが続く状態はやはり問題です。

しばしば指摘されるように、グローバル化の進むなかで、「エレファント・カーブ」と呼ばれる現象がみられます。国境を越えた経済活動が活発化することの恩恵を受けるのが、主として先進国の富裕層（象の鼻の部分）と、中国やインドといった新興国の中間層（象の頭の部分）に限られるということです。象の鼻のつけ根にあたる先進国の中流以下の人々は、グローバル化の恩恵よりはむしろダメージを受けて、経済的に苦境に立たされることになります。先進国の内部で中間層が没落し、格差が拡大するなかで、はたして民主主義は維持可能なのでしょうか。格差の拡大は国民の一体性の感覚を損ない、世論の分断化を招きますが、民主主義はそのような分断を乗り越えられるのでしょうか。二〇一六年のポピュリズムは、これらの問題を大きくクローズアップしました。

独裁的指導者の増加

気がついてみれば、世界各地で独裁的手法の目立つ指導者が多くなりました。自らへの批判に耳を貸さず、気に入らない閣僚を次々にクビにする米国のトランプ大統領ばかりではありません。ロシアのプーチン大統領、中国の習近平《しゅうきんぺい》国家主席、北朝鮮の金正恩《キムジョンウン》委員長、フィリピンのドゥテルテ大統領、トルコのエルドアン大統領など、独裁的とされる指導者の名が次々と挙がります。ある意味で、民主主義の自己統治能力に疑問が投げかけられるなか、独裁的指導者の言動ばかりが日々の報道を賑わせているといえるでしょう。

かつてアメリカの政治学者サミュエル・ハンチントンは、『第三の波』において、一九七〇年代に民主化の「第三の波」が起きたと論じました。アメリカ合衆国の独立やフランス革命に始まる第一の波、第二次世界大戦以降の第二の波に続き、南欧諸国や中南米、アジア諸国において民主化の三度目の波が生じたと主張したのです。ハンチントンによれば、それぞれの波の後には反動期もありました。その意味でいえば、現代は民主化の「第三の波」の反動期なのでしょう。

あるいは、問題はより深刻なのかもしれません。現代では、さらに根本的な民主主義への懐疑が広まっているからです。例えば中国ですが、胡錦濤《こきんとう》時代までは、将来的には本格的な直接選挙や言論の自由を導入することを含め、欧米的な民主化を目指すとしていました。これに対し、習近平体制に移行して以降、欧米の民主主義を否定し、中国独自の路線を強調するようになりました。重要なのは秩序の維持と国民生活の安定・発展であり、それを保障できるならば、欧米的な民主主義よりも共産党の独裁体制の方が望ましいというわけです。このような、いわば「チャイナ・モデル」は東南アジアや中東、アフリカなどの独裁的指導者にとって魅力的なものになっています。

このような「チャイナ・モデル」は先進民主国とされる国々にとってもよそ事ではありません。グローバル化とＡＩ（人工知能）による技術革新が進むなか、いち早く変化に対応し、迅速な決定を下すにあたっては、民主的国家よりもむしろ独裁的国家の方が好都合なのではないか。そのような声を聞くことも珍しくなくなってきました。後で述べるように、二〇二〇年のコロナ危機においても、この意見が再び聞かれることになります。民主的な政治過程にはどうしても時間がかかります。独裁的指導者の一存で物事が決まるならば、そのようなトップダウン方式の方が、変化の激しい時代には適合的であるというわけです。

かつて世界の国々は、早い遅いという違いはあれ、いつかは民主化するという「常識」がありました。独裁的な国家においても、経済の発展のためには所有権の法的保護や公正な裁判制度の導入が不可欠です。経済が成長すればやがて中間層が育ち、そのような中間層はさらなる自由化と民主化を要求するでしょう。結果として、開発独裁国もいずれは民主化していくのであり、いわば市場経済と自由民主主義体制とが手に手を取り合って発展していくと考えられたのです。

ところが、このような考え方は現在、大きく揺さぶられています。経済成長にとって、自由民主主義は本当に不可欠なのか、むしろ独裁体制の方が望ましいのではないか。成長の果実の再配分による平等の実現など、民主主義にとっては経済成長が必要であるとしても、その逆は必ずしも当てはまらないのかもしれない。このような考え方が力をもつにつれ、経済成長と民主主義、あるいは市場経済と民主主義の関係が問い直されるようになったのです。

さらに大きく捉えれば、このような事態は「欧米的価値観の問い直し」にもつながる可能性があります。これまでは近代化とはすなわち欧米化であり、欧米的な民主主義の導入は世界のすべての国々の「普遍的」な目標であり、ゴールでした。しかしながら、中国やインドなどのアジア諸国が飛躍的な経済成長を遂げ、経済的にも世界を主導する立場になった今日、欧米中心の世界観は急速に過去のものとなっています。そうだとすれば、「欧米的な自由民主主義が絶対ではない」という考え方が出てきても、不思議ではないでしょう。民主主義は本当に人類の共通の未来なのか、あらためて疑問視されているのが現在という時代なのです。

一九八九年にアメリカの政治学者フランシス・フクヤマが「歴史の終わりか？」と題された論文を発表し、自由民主主義の最終的勝利を宣言しました。しかしながら、それはむしろ、自由民主主義の正当性について新たな問い直しの始まりを告げるものであったのかもしれません。そのフクヤマは二〇一一年に『政治秩序の諸起源』(邦訳は『政治の起源』)を発表します。この本でフクヤマは政治を機能させる三つの制度として、①国家、②法の支配、そして③説明責任、を挙げていますが、政治の人類史を書く上で、中国における国家の発展から叙述をスタートしています。これまで人類的なレベルで政治の歴史を論じる場合、ヨーロッパ中心的な視点に立つものがほとんどでした。これとは大きく異なるフクヤマの著作は、ある意味で「アジア時代」の政治の歴史なのかもしれません。

第四次産業革命の影響

現在、AIの発展をはじめとする技術革新の波が世界に押し寄せています。蒸気機関による機械化が第一次産業革命、電力による大量生産が第二次産業革命、コンピュータによる自動化が第三次産業革命をもたらしたように、現在ではAIやIoT（モノのインターネット）、さらにロボットやナノテクノロジー、さらにバイオテクノロジーなどの発展が、第四次産業革命をもたらしているというのです。この言葉は二〇一六年の世界経済フォーラムのダボス会議で初めて用いられました。かつての産業革命が社会の組織や人々の働き方に大きな影響を与えたように、第四次産業革命もまた、経済や社会、そして政治に巨大なインパクトをもつことが予想されています。

もっとも注目されているのが、AIが人々の雇用を奪うのではないか、という懸念です。今後一〇～二〇年の間に、アメリカの労働の四七％は汎用AIによって代替される、というマイケル・オズボーンとカール・フレイの研究が話題になったのは、記憶に新しいところです。これまで人間によってなされていた仕事が突如、ＡＩに取って代わられるとすれば、人々は単に職を失うのみならず、就職のために知識や技術を時間をかけて獲得することも無駄になってしまいます。このことは人々の学習やトレーニングの意欲を後退させるとともに、技術革新によって思いがけず職を失った人のための生活保障を考える必要も出てくるでしょう。ＡＩの時代にはＢＩ（ベーシック・インカム、基礎所得保障）が必要といわれるのも不思議ではありません。技術革新によって富を得るのが一部の人であるとすれば、それをいかに他の人々に再配分していくかも問題になります。

が、ＡＩに代表される技術革新の影響はそれだけではありません。『サピエンス全史』で話題を呼んだイスラエルの歴史学者ユヴァル・ノア・ハラリは、続く『ホモ・デウス』で、ＡＩ技術や生物工学の発展の結果、人類至上主義が終わりを迎えると予言しました。ＡＩの知能が人間を上回ったとき、もはや人間に特別の価値を置く理由はあるのか。あるいはむしろ、人間が豚や鶏を家畜化し、「搾取」しているのと同じように、人間を超えた能力を持つＡＩが人間を支配してもおかしくない、というわけです。ビッグデータとアルゴリズムを保有する一部の有力者による「デジタル専制主義」が拡大する一方、その他の多くの人々は「無用階級」へと転落するというハラリの警告は、いまだ「予言」の域を超えませんが、ＧＡＦＡＭ（グーグル、アマゾン、フェイスブック、アップル、マイクロソフト）に代表されるプラットフォーム企業のもつ巨大な力を考えると、あながち夢想ともいえないところです。

なにより、民主主義にとってみれば、一人ひとりの人間を平等な判断主体とみなすという前提が揺らぐことが深刻です。多くの人間がいわば自らの思考を外部化し、アルゴリズムによってつくり出されるヴァーチャルな環境のなかで自足してしまうとすれば、はたしてそのような人々によって成り立つ民主主義に、いかなる意味があるのかが問われることになります。

アルゴリズムのメカニズムにより、人々は自分が欲する情報に優先的に接することになります。いわば、自分が気に入るような情報ばかりが各自に選択的に届くことになります。逆にいえば、自分が知りたくもなければ、接したいとも思わないような情報や意見は「ノイズ」に過ぎません。とはいえ、自分が賛成しない他者の意見にも耳を傾ける寛容の原理は、現代の自由民主主義の中核となる理念の一つです。閉鎖的な情報空間において、特定の考え方ばかりが増幅される「エコー・チェンバー」の時代において、民主主義は生き残れるのでしょうか。踏みとどまって考えるべき時期が到来しています。

コロナ危機と民主主義

二〇二〇年、新型コロナウィルス感染症（COVID-19）が世界を襲いました。前年末に中国の武漢で初めて感染が確認された新型ウィルスは、たちまちのうちに世界的流行（パンデミック）を引き起こし、各国はロックダウン（都市封鎖）や入国制限などを余儀なくされたのです。感染者数が三一四〇万人、死者が九六万人（二〇二〇年九月二三日現在）に及ぶなど、新型コロナは多くの犠牲者を生み出し、さらに感染拡大が長期化することで、経済的・社会的な影響も拡大しています。移動制限による経済活動の停滞は、多くの失業や経済的困難をもたらし、社会に元々存在した格差を拡大することにもつながっています。アメリカでは、アフリカ系アメリカ人に対する警官の残虐行為をきっかけに、大規模な抗議活動である「ブラック・ライブズ・マター（BLM）」運動も発生しました。

新型ウィルスによる感染症の拡大は、民主主義にとっても大きな影を投げかけます。第一に、ロックダウンをはじめとする、個人の自由や権利を大きく制限する対策が、緊急事態を理由に実行されました。フランスのマクロン大統領など、事態を「戦争状態」と呼ぶ首脳も多く、しばしば政治的指導者のリーダーシップが強調されました。民主的な合意形成にはどうしても時間がかかります。場合によっては、既存の法やルール、制度を超えた対応も必要になるでしょう。結果として、民主主義はこのような緊急事態には適切に対応できないのではないか、むしろ独裁的な指導者の方がよりスピーディに判断を下せるのではないか、といった意見も聞かれました。実際、中国では初期対応こそ失敗したものの、やがてロックダウンや迅速な病院建設などによってコロナの封じ込めに成功したとされます。現実には感染拡大の防止に有効な手を打てない独裁的指導者も多いのですが、緊急事態が民主主義への疑念をもたらしたことは深刻です。

第二に、感染拡大の防止を目指すなかで、個人の行動経路を把握するための技術が発展しました。各国で多様な追跡アプリが導入されましたが、中国のように、個人の位置情報や移動記録を、決済データや病院での診療記録などと結びつけ、徹底した個人情報の管理を実現した国もあります。個人データの管理についてどこまでプライバシーに踏み込むか、データの活用の仕方についてどれだけ国民的な議論がなされたかは国によって違い、コロナ禍への対応がそれぞれの国の民主主義の試金石となりました。歴史を振り返ってみても、ペストやインフルエンザなどのパンデミックが、行政権による国民の生命・生活の把握、さらには行政権自体の拡大をもたらした事例は少なくありません。また、いったん拡大した国家権力は、危機が去っても元に戻らないことがしばしばです。コロナ危機に対して国家が十分に対応できるかはわかりませんが、私と公の境界線を含め、個人と国家のあり方が変化する可能性に注目する必要があるでしょう。

第三に、コロナ禍を通じて、個人と個人の物理的距離の拡大が要請されました。感染拡大を防止するためには、密閉した空間に多くの人が密集し、密接して接触することを避けなければなりません。結果として、多くの人が在宅勤務を奨励され、人と人とが直接顔を合わせる事態が減少することになります。これは民主主義にも少なからず影響を及ぼすことが予測されます。このような事態が長期化すれば、政治的な集会やデモ行進にはブレーキがかかりますし、選挙の実施自体が、場合によっては難しくなることもあるでしょう。これから検討するように、民主主義において、人と人とが直接顔を合わせ、対話を行うことはきわめて重要な要素です。そのような条件が阻害されることは、民主主義にとってけっして望ましいことではありません。あるいはSNSなどを通じて、インターネット上での情報交換や政治的対話が活性化することも考えられますが、それがいかなるものになるのか、現段階では予測が難しいといわざるをえません。

民主主義は危機を乗り越えられるか

このように、民主主義は現代において多様な危機に遭遇しています。民主主義がそれを乗り越えられるかは、まだわかりません。そこで問われているのは、民主主義の力によって格差を縮小し、平等を確保することができるのか、人と政治をつなぐ新たな回路を見出すことは可能か、民主主義は真に人類が共有しうる共通の課題か、人間の人間らしさ、個人の尊厳や平等をいかに正当化できるか、そして、パンデミックのような緊急事態に民主主義は対応できるのか、といった問いです。

以下、本書では歴史を遡りながら、これらの問いに答えていきたいと思います。まずは民主主義という言葉の生まれた古代ギリシアです。

第一章　民主主義の「誕生」

1　なぜ古代ギリシアか

「人々に力を」

すでに触れたように、民主主義（デモクラシー democracy）という言葉が生まれたのは古代ギリシアです。語源となったデモクラティア（demokratia）は、人民や民衆を意味するデーモスと、力や支配を意味するクラトスが結びついたもので、「人々の力、支配」が元々の意味でした。

かつて歌手のジョン・レノンは「Power to the People」という、文字通り、「人々に力を」と訴える曲を歌いました。街角で暮らす、ごく普通の人々が政治的に立ち上がり、自由と権利を勝ち取ることを訴えるものです。ベトナム戦争を時代背景としていますが、現在でも、その歌詞とリズムをよく耳にします。

ある意味で、民主主義という言葉のもつ素朴な含意《がんい》をもっともよく示しているのが、ジョンの歌詞かもしれません。というのも、デモクラシーという言葉は日本語に導入される際に、「民主主義」と訳されましたが（デモクラティズムでないにもかかわらず）、本来、「主義」という言葉がイメージさせるような抽象的な概念ではなかったからです。むしろ、普通の人々が力をもち、その声が政治に反映されること、あるいはそのための具体的な制度や実践を指すものが民主主義でした（まさに民主力です）。しかしながら、本書では、日本語において定着していることもあり、民主主義という言葉を用いることにします。

おそらく多くの人にとって、もっともイメージしやすい民主主義の姿は、古代ギリシアのアテナイのプニュクスと呼ばれる丘に集まって、議論を交わす人々の様子ではないでしょうか。白亜のパルテノン神殿が見えるこの場所で、市民たちは戦争や外交を含む、ポリスの政策について代わる代わる演説し、最終的に議案を採決にかけました。これを民会といいます。もちろん拡声器などない時代です。人々は自分の肉声で話すしかありませんでした。当然、巧みに語る発言者には喝采が、そうでない発言者には野次が飛んだことでしょう。この時代に弁論術が重視されたのも無理はありません。

もちろん、現代人の目からすると、「これが民主主義か」と違和感を覚えることも少なくないはずです。例えば、この民会には女性の姿がみられませんでした。民会は特定の有力者だけではなく、ごく一般の市民が参加し、開かれた場所で議論を交わすことにポイントがあったにもかかわらず、そこから女性が排除されていたのです。民会に参加する資格があったのは、父親がアテナイ市民である成人男性に限られました。さらに、どれだけ長くアテナイに居住していたとしても、居留外国人には市民権が与えられませんでした。また、後で触れるように、古代ギリシアのポリスには奴隷が存在しましたが、そのような人々も民会への参加が阻まれていました。

しかしながら、アテナイをはじめとする古代ギリシアの人々がデモクラティアという言葉を作り出して実践し、それが後世に大きな影響を与えたことは否定できません。私たちの民主主義もまた、この出発点と深く結びついているのです。

人類史の中の民主主義

ちなみに、このように書くと、「民主主義の起源は、本当に古代ギリシアなのか」という疑問が生じるかもしれません。人々が集まり、自分たちの共同体の方針について議論を交わしたのは、なにも古代ギリシアだけではありません。世界各地で同じような自治のための集会が開かれていたことが、現在では次々と報告されています。

一例を挙げれば、オーストラリア出身の政治学者ジョン・キーンは『デモクラシーの生と死』において、古代ギリシアに先立つ「集会デモクラシー」の歴史を探っています。彼にいわせれば、古代民主主義が始まったのはバビロニアやアッシリアです。いわば、メソポタミアという古代文明に生まれた自己統治的な文明が、フェニキアを通じて古代ギリシアに伝わったのです。メソポタミアの大文明からみれば、ギリシアなど、その辺境地帯に過ぎませんでした。民主主義（デモクラシー）の語源となった「デーモス（人民、民衆）」という言葉にしても、古代ギリシアにはるかに先立つ古代ミケーネ文明にその語源が見出せるといいます。同様にキーンは、近代の代表制民主主義についても、しばしば指摘される英国議会ではなく、むしろスペインの身分制議会こそが先行していると主張しています。

さらにはアメリカ合衆国の独立にあたって、ジョージ・ワシントンやトーマス・ジェファーソンら建国の父たちが、北米先住民、とくにイロコイ族における自治の伝統に着目したという研究もあります（ドナルド・グリンデ、ブルース・ジョハンセン『アメリカ建国とイロコイ民主制』）。イロコイの諸部族は連邦を形成していましたが、最終的な物事の決定は会議で行い、そこで若者から年寄りまでが平等な発言権を有したというのです。一九八八年にはアメリカ合衆国の連邦議会両院で、合衆国憲法制定にあたってのイロコイ連邦の貢献を認める共同決議案が採択されています。

このような研究については、多くの議論があり、確定的なことをいうのは困難です。それでも、民主主義の起源を無理に一つにしぼることが乱暴であるのは間違いありません。おそらく人類の歴史を振り返れば、同じような自治的な集会は世界のあちこちで開かれていたはずです。多くの場所で、人々は集まり、議論を通じて意思決定を行ったのでしょう。その初期においては、集会の場所は決まっていなかったかもしれません。決定に拘束力もなかったかもしれません。しかし、やがてそのような集会の場所は固定化され、開催の日時や周知・進行の手続きがルール化されていきました。そのような手続き化がかなり高度化した事例も少なくありませんでした。

古代ギリシアの独自性

このように、人間の集団が組織化していくにあたって、議論によって合意を生み出し、その合意に人々が自発的に服従することで規範を共有していく実践は、人類社会においてけっして例外的な事態ではなかったはずです。だとすればなおさら、古代ギリシアから民主主義の歴史を語り始めることに理由はあるのでしょうか。

それでも本書があえて古代ギリシアに注目する理由は、古代ギリシアにおいて、このような民主主義の営みがきわめて徹底化されたことにあります。これから詳しくみていくように、最盛期のアテナイの民主主義においては、一部の例外を除き、すべての公職が抽選で選ばれました。すべての市民は、ポリスを運営していく責任を負う可能性があったわけです。これに対し、選挙はむしろ「より優れた人々」を選ぶ仕組みとして理解され、その意味で貴族政的であるとされました。さらに民会はすべての事柄について最終的な決定の権限をもちました。逆にいえば、民会の外部で重要な決定がなされることはありえなかったのです。また民衆裁判では、原告と被告の対等な弁論が制度化され、それを受けて陪審の人々が票決によって判決を下しました。上位の為政者や専門の裁判官ではなく、平等な市民が、規範やルールを共有していることを前提に裁判が行われたのです。

もう一つ指摘するとすれば、古代ギリシアの人々は、民主主義の制度と実践について、きわめて自覚的でした。彼らは自分たちが採用している仕組みについて誇りをもち、これを自らのアイデンティティとしました。彼らにとって市民であることとは、まず何より、民会に参加し、公職に就《つ》き、さらに裁判の陪審員となる資格を指しました。人々はこのような資格を、負担であるというよりは名誉と考えました。そのことは、例えばアテナイの指導者ペリクレスの有名な葬送演説からもうかがえます。

> われらの政体は他国の制度を追従するものではない。ひとの理想を追うのではなく、ひとをしてわが範を習わしめるものである。その名は、少数者の独占を排し多数者の公平を守ることを旨として、民主政治と呼ばれる。わが国においては、個人間に紛争が生ずれば、法律の定めによってすべての人に平等な発言が認められる（中略）。たとえ貧窮に身を起そうとも、ポリスに益をなす力をもつ人ならば、貧しさゆえに道を

とざされることはない。われらはあくまでも自由に公けにつくす道をもち、また日々互いに猜疑の眼を恐れることなく自由な生活を享受している。
（トゥーキュディデース『戦史』久保正彰訳、上巻37節、岩波文庫、二二六頁）

これはペロポネソス戦争で死んだ市民を追悼するための演説ですが、南北戦争におけるアメリカ大統領リンカーンによるゲティスバーグ演説をどこか想起させます。いずれも死んでいった兵士たちに対し、その死が無意味ではなかったこと、それは何よりも自由で民主的な国を守るものであったことを強調しています。リンカーンは間違いなくペリクレスを意識していたでしょう。それだけ、古代ギリシアにおける民主主義は、その後のモデルとなったのです。アテナイの人々にとって、民主主義は人々の名誉と誇りの源泉でした。この記憶が継承されることで、民主主義を語る一つの伝統が形成されたのです。

オリエント文明の周辺

すでに指摘したように、古代ギリシアは巨大なメソポタミア文明からみれば、その辺境に過ぎませんでした。文明の中心となったのはチグリス、ユーフラテス川の周辺でした。両大河の流域は水の豊かな場所でしたが、周囲は乾燥地帯であり、遊牧民の活動地域でした。中国やエジプトなど他の地域と同じく、遊牧民と農耕民、そして商業民の交錯するところに、古代文明は生まれたのです。

各古代文明では、多様な都市国家が競い合うなかで統合が進み、広大な領域を支配する大帝国が生まれました。メソポタミアでも、バビロニア、アッシリア、ペルシャといった大帝国が知られています。そのような大帝国の攻防は、マケドニアのアレクサンドロス大王による遠征まで続き、最終的にはヘレニズム文明に組み込まれていきました。

ギリシアはメソポタミア文明の周辺に位置しましたが、このことはギリシアが文明の影響を受けつつも、独自の発展を遂げることを可能にしました。例えば、後ほどペルシャ戦争の話が出てきますが、ギリシアはペルシャ帝国の遠征軍を破り、その独立を保持します。文明の恩恵を享受する一方、大帝国に統合されなかったことが、その後のギリシアの歴史にとって大きな意味をもつことになりました。さらにいえば、ギリシアのあったペロポネソス半島の地形もあり、ギリシア自体、一つの国家に統一されることがありませんでした。現在ではトルコにあたるイオニア地方を含め、ギリシア的世界はポリスと呼ばれる都市国家群が並立することで構成されたのです（イオニアは、哲学の起源とされるタレスを世に送り出すなど、独自の文明を展開しました）。

このような古代ギリシアの都市国家に特徴的なことは、古代帝国にみられた巨大な官僚

アリストテレス

制や、傭兵を中心とする職業軍人が存在しなかったことです。さらにいえば、神官たちが宗教的権威を独占することもありませんでした。古代帝国が広大な領域を統合するためには、官僚や常備軍、さらに宗教的支配を担う神官の支配を必要としましたが、古代ギリシアの都市国家にはその必要がなかったのです。これらのことが、古代ギリシアにおける独自の民主主義の発展に大きな影響を与えることになりました。

ある意味で、古代ギリシアの民主主義は、官僚も職業軍人もいないところで、普通の市民たちが自ら国政を担い、決定を下し、武器を取って国のために戦ったことによって実現しました。神官の支配が存在しないこともあり、宗教的権威から自由な人々はやがて、この世界を構成する原理や本質について、自由な検討を行うようになります。古代ギリシアにおける民主主義の発展が、哲学や科学の発展と軌を一にしたのは偶然ではありません。両者はともに、人々が平等な立場で議論を交わし、自分たちで納得したことにのみ従う精神によって可能になったものです。

さらにギリシアの人々はさまざまなポリスに分立したものの、同じ文化を共有しているということを意識していました。結果として諸ポリスの並立は、一つの実験場ともなりました。ポリスはそれぞれ独自の政体をもちましたが、それらは相互に参照され、比較されたのです。その検討の成果は後にアリストテレスの『政治学』に集大成されます。各国の政体が君主政・貴族政・民主政に区別されたことをはじめ、多様な政治の仕組みが試されたのが古代ギリシアのポリス世界の特徴でした。

ポリスの誕生

このように古代ギリシアのポリスと呼ばれた都市国家は多様でした。にもかかわらず、そこには共通の要素もみられました。中でも重要なのは、ポリスが都市とその周辺領域を含む都市国家だったことです。

この地域において、かつてミケーネ時代には小王国が分立していました。しかしながら、やがて移動と混乱の時代が続くなかで、諸王国が崩壊し、社会のあり方が大きく変わっていきます。その渦中で生まれたのがポリスと呼ばれる国家形態でした。ミケーネ時代の小王国に比べればはるかに小規模な集団であり、互いに抗争する戦士たちの自衛集団としての性格をもっていました。その指導者たちが一ヵ所に集住して都市を形成し、そこから領域を支配するようになったのがポリスです（最大規模のポリスであるアテナイにおいて、市

アテネの町から見上げるアクロポリスの丘。

民は最盛期でも四万〜五万人だったとされます）。紀元前八世紀の半ばに、エーゲ海一帯にみられるようになり、その総数は一五〇〇に及びましたが、そのそれぞれが独立国家だったのです。

ポリスの中心はアクロポリスという丘でした。都市の防衛の拠点であり、ポリスという名もここから来ています。ポリスの生活の中心はアゴラと呼ばれる広場であり、この場所で人々は言葉を交わすとともに、商取引を行いました。民会も最初はここで行われていました。ポリスには城壁があり、都市の内部と周辺の田園地帯が区別されました。同時に、都市の内部においても神殿や劇場、広場といった公共の領域が、それ以外の領域と明確に区別されていました。公共の領域とはすべての市民に開かれた共通の場所であり、それぞれの家（オイコス）の領域と峻別されたのです。ここから「公」と「私」の区別が生じます。両者を明確に区別することが、ポリスの民主主義、さらには政治一般の重要な基礎となりました。

都市の周辺領域には田園が広がり、市民は少数の奴隷を用いて農業を行いました。まさにこの田園領域こそが生産活動の場であり、そこで働く農民こそがポリス市民の中核を形成したのです。しばしば古代ギリシアでは、もっぱら奴隷が生産活動を行い、市民は労働から解放されていたとされますが、必ずしも適切な理解ではありません。重要なのはむしろ、農民として自ら生産活動も担った市民たちが、そのような活動と区別して政治などの公共的活動を捉えていたことです。「家」において市民は生産を行い、家族とその財産を維持しました。しかし、そのような私的領域と区別される公共の領域においては、市民は私的関心とは区別される、公共的な意識をもつことが期待されたのです。ある意味で、ポリスの構造こそが、そのような意識を生み出したのです。

政治とは何か

ここで「政治」とは何かを考えておきたいと思います。今日、私たちは政治についてでは、ひどく漠然とした概念しかもっていません。これに対し、古代ギリシアにおいては、「政治」のイメージははるかに明確です。

すでに触れたように、ポリスの成立以前、この地域を支配したのは王たちですが、この王たちは官僚組織をもたず、貴族たちとの関係においても、相対的に優位に立つに過ぎませんでした。もともと王は戦士たちの組織の指導者であり、他の戦士から隔絶した存在ではなかったのです。しかも、この王たちはポリスの成立の過程で没落し、有力者たる貴族たちが共同して交易や防衛にあたるようになります。貴族たちは変動期の小集団のリーダーに起源をもっていますが、すでに触れたように、平民の大部分を構成する農民と同じ経済基盤に立っていました。貴族といえども、農民たちとまったく別の存在ではなかったのです。

したがって、都市に集住した貴族たちは政治・軍事・司法の主導権を握りましたが、平民もただ黙って従う存在ではありませんでした。ホメロスの『イリアス』や『オデュッセイア』などを読んでいても、民会や裁判に一般の市民たちが集まっている様子が描かれています。彼らの声や雰囲気は、民会の決定や判決に少なからぬ影響を与えたでしょう。平民は貴族を批判し、その行動を制約することができたのです。

このようなポリスのあり方から生まれてきたのが「政治」です。「政治」には、公共の場所において、人々が言葉を交わし、多様な議論を批判的に検討した上で決定を行うという含意があります。あるいは、それこそが「政治」の定義なのです。

現在、英語などで政治をあらわす言葉はポリティクス（politics）です。この言葉はもちろん、古代ギリシアのポリスに起源をもちます。それでは、なぜ、ポリスという古代ギリシアに特有な都市国家の形式が、政治をあらわす一般的な言葉となっているのでしょうか。明らかにポリスのあり方と政治の概念の間には、深い結びつきがあるのです。

アリストテレスは『政治学』において、同じく支配といっても多様な種類があり、その区別をすることが何よりも重要であると述べています。例えば王はその臣民を支配するし、家の主人はその奴隷を支配するでしょう。しかし、ポリスにおける支配、すなわち政治的支配は、そのような支配とは違うというのです。政治的支配の特徴は、自由で独立した人々の間における「相互的な支配」にありました。

すでに触れたように、現代の私たちは、政治という言葉を、ときに安易に使う傾向があります。およそ人間が集まれば、そこに政治があるとしばしばいわれますが、このような用法にはいささか注意が必要です。少なくとも古代ギリシアの人々にしてみれば、王が臣民を上から支配することや、主人が奴隷を力で隷属させることは、「政治的」とは呼ばれなかったからです。あくまで、自由で相互に独立した人々の間における共同の自己統治こそが「政治」だったのです。

著名なギリシア史家であるモーゼス・フィンリーは、「単に民主政治だけでなく、さらに政治、つまり公の議論によって意思決定に到達し、しかる後に開かれた社会的経験の必要条件としてこれらの決定に従うという技術をも発見したのは結局、ギリシア人たちであった」（『民主主義　古代と現代』講談社学術文庫、三四頁）と指摘しています。この場合、「開かれた社会的経験」とは、すべての市民が参加できること、批判に対して開かれていることはもちろん、自分たちのことを自分たちの力で変えられることを意味するのでしょう。

あるいは、二〇世紀を代表する政治学者の一人であるバーナード・クリックも「デモクラシーと政治的支配の発明、ついで市民の間での政治的討論を通じて統治するという伝統、これらの起源は、ギリシアのポリスおよび古代ローマの共和政が持っていた思想と実践の中に求められる」と述べています（『デモクラシー』岩波書店、二三―二四頁、強調点は原文ママ）。

これらの発言を西洋中心主義として批判することも不可能ではありません。しかし、「政治」、そしてこれから検討する「民主主義」について、これを古代ギリシア人の発明として捉えることの意義も小さくありません。

第一に、政治において重要なのは、公共的な議論によって意思決定をすることです。言い換えれば実力による強制はもちろん、経済的利益による買収や、議論を欠いた妥協は政治ではないのです。また、仮に話し合いによる決定がなされたとしても、それが閉じられた場所において、特定の人々によってのみなされたものであるとすれば、政治的な決定とはいえません。あくまで「公共的な議論」が不可欠なのです。

第二に、公共的な議論によって決定されたことについて、市民はこれに自発的に服従する必要がありました。公の場において自分たちで決定したことなのだから、その結果について、誰に強制されるのでもなく、自分で納得して従うべきであるというわけです。ここには政治において「納得」と、納得に基づく「自発的な服従」が重要であるという意味が込められています。それがあってはじめて政治の営みは、「開かれた社会的経験」の必要条件となるのです。逆にいえば、自ら決定に参加し、納得したものでなければ、いかなる決定にも従わないという古代ギリシア人の自主独立の精神がここにみられます。

このような「政治」の成立を前提にして、初めて民主主義は実現します。そこで節をあらためて、さらに古代アテナイにおける民主主義の発展をみていきましょう。

2　アテナイ民主主義の発展

クレイステネスの改革

すでに述べたように、民主主義の歴史は二五〇〇年以上に及びます。それでは、正確にいって、民主主義はいつ誕生したのでしょうか。都市国家アテナイで民主主義が確立した画期となる時点として、紀元前五〇八年が挙げられることがあります。これを起点に考えれば、一九九二年に民主主義は二五〇〇年目を迎えたことになります。それでは、前五〇八年にいったい何が起きたのでしょうか。

これに先立つ前五一〇年には、僭主《せんしゅ》であったヒッピアスが追放されています。僭主については後ほど検討しますが、圧制者として君臨したヒッピアスがいなくなることで、アテナイは大きな転換期を迎えたのです。この時期にアテナイの民主主義確立に向けて、決定的な一歩を踏み出した指導者がクレイステネスでした。

とはいっても、クレイステネスは特別な権力をもった人物ではありませんでした。彼は次々に改革を行いますが、そのような改革も一市民の資格で民会に提案を行い、それが採択された結果であると考えられています。彼の背後には民主主義についての意識を高揚させた平民たちがいました。そのような平民の熱意に押されてクレイステネスが改革を行い、その改革がさらに民主主義に向けての大きな方向性を示したのです。

クレイステネスの改革のうち、しばしば指摘されるのが、旧来の四部族に代わる一〇部族制の導入です。この一〇部族制の下で置かれた行政単位が「区」（デーモス）であり、「デモクラシー」という言葉はこのデーモスに由来します（後に、これを単位とする人々の集合体を指すようになります）。その意味では、民主主義の起源をこの改革に求めるのは、不思議ではありません。しかし、なぜこの一〇部族制の導入が民主主義の導入にとって、それほど画期的だったのでしょうか。

クレイステネス

旧来の四部族が血縁によるものであったのに対し、新たな一〇部族制は地縁に基づいていました。とはいえ、クレイステネスの改革によって導入された一〇部族制は、単純な地縁的な区割りでもありません。というのも、全国土が都市部と沿岸部、内陸部に分けられ、そのそれぞれがさらに一〇に区分されていたからです。合計で三〇の区ができますが、このうち、都市部と沿岸部、内陸部から一つずつを選んで組み合わせたものが新たな部族でした。それではなぜ、これほど手の込んだ仕組みを考えたのでしょうか。

この制度は、それまで力をもっていた貴族たちの影響力を削ぐために、巧妙に考えられたものです。伝統的な血縁による編成の下、あるいは単純な地縁の枠組みでは、貴族がどうしても有力になります。このような貴族の影響力を無効にするためには、旧来のしがらみを断ち切り、人為的に組み合わされた新たな社会編成原理を導入する必要があったのです。この新部族制に基づく各部族五〇人の評議員から成る五〇〇人評議会の設置、さらに後述する陶片追放（オストラシズム）と合わせ、旧来の貴族政からの大きな脱却が図られたのが、クレイステネスの改革でした。

民主主義への道のり

ここでもう少し、民主主義への道のりについて考えてみたいと思います。すでに述べたように、アテナイではクレイステネスの改革に先立ち、「政治」の営みが開始されていました。この場合の「政治」とは、市民の公共的な議論によって意思決定を行うことを指します。ただし、その初期において、民会や裁判において主導的な立場を占めたのは貴族でした。戦士たちの自衛的な小集団のリーダーである貴族たちが、都市の中心部に集住したのがポリスの始まりだったからです。

　しかしながら、アテナイなどのポリスでは、次第に平民の台頭がみられるようになります。力をもつようになった平民と貴族との間に緊張感が高まるなか、前五九四年には有名なソロンによる改革が実現しました。アルコン（執政官）という役職についたソロンは、調停者としての役割を期待されたのです。当時、問題であったのは、中小農民の貧窮でした。彼らは富裕層から借金を重ね、中には債務奴隷に転落する人も出てきました。そのために、不満と不安が平民の間に鬱積《うっせき》していました。ある意味で、古代ギリシア版の「格差問題」がポリスの危機を招いたのです。

　ソロンが行ったのは債務の取り消しと、債務奴隷からの解放でした。さらにはこのような債務奴隷が二度と現れないように、身体を抵当にした借財を禁止しました。ソロンが目指したのは、自由民として平等な地位に立つ市民団の回復でした。この場合の自由民とは、奴隷と区別され、他人の強制を受けない人々を指します。ソロンはさらに、一般の市民の司法への参加を保障する民衆法廷の基礎を築くとともに、自己負担で武装し、戦争に参加する平民層の政治的発言権を強化します。政治参加の権利を、家柄ではなく、ポリスへの軍事的な貢献に求めたのです。結果的に、平民層からも国政の中枢に参加する道が開かれることになりました。

とはいえ、ソロンの改革によって、すべての問題が解決したわけではありません。むしろ、彼の改革は、さらなる対立を生み出すことにもつながりました。貴族たちは改革の行き過ぎを批判し、平民たちはいまだ改革が十分に成し遂げられていないことに不満をもったからです。ここに、民主主義にとっての重要な問題が明らかになります。政治に参加する人が増えれば増えるほど、意見や利害の対立も大きくなり、党派争いが起きるということです。党派・党争は古代ギリシア語でスタシスといいますが、このようなスタシスによる分裂をいかに防ぐかが、以後の古代ギリシアにおける民主主義の大きな課題となりました。

しかしながら、忘れてならないのは、その一方で対立が民主主義にとって不可欠でもあったということです。民主主義において必要なのは同意だけではありません。対立もまた必要だったのです。というのも、たしかに最終的には同意が求められるのですが、同意だけでは、少数者による支配に逆戻りする危険性を防げないからです。貴族と平民の対立こそが政治にダイナミズムを与え、民主化へと進む推進力となったのです。声を上げる人なくして民主主義はありえないことは、いつの時代にも変わらない真理でしょう。

僭主ペイシストラトス

貴族と平民の対立が深まり、党派争いが激しくなるなかで登場したのが、ペイシストラトスです。ペイシストラトスは僭主（テュラノス）と呼ばれました。この言葉は一般に、正式の手続きによらず、実力などで君主の地位を簒奪《さんだつ》した人物を指します。ペイシストラトスもまた、武力によるクーデタによってアテナイの統治権を獲得しました。

なぜそのような行為が可能になったのでしょうか。ペイシストラトスをその地位につけたのは、平民の支持でした。党派争いが激化するなかで、もはや貴族たちは自らの力だけでは抗争に勝利できなくなります。そのような状況において、平民の支持こそが、最終的な勝者を決定したのです。ペイシストラトスもまた貴族の出身でしたが、平民の力を背景に権力の座に就き、結果的に貴族支配を打破することになりました。その意味で、ペイシストラトスの僭主政は、非合法な独裁政治である一方、必ずしも民衆にとって抑圧的な政治ではありませんでした。

むしろ、ペイシストラトスは自らの支持基盤である中小農民層の保護に努めました。ソロンの改革がなお、中小農民の債務奴隷への転落を防止するという意味で消極的な対策であったとすれ

ペイシストラトス

ば、ペイシストラトスの僭主政はより積極的に、中小農民の保護を目指すものでした。具体的には、反対派の貴族の土地や、公有地の一部を与えるなど、再分配政策を行ったのがペイシストラトスでした。その意味でいえば、貴族政から民主主義による政治への過渡期にあって、彼の僭主政治が重要な役割をはたしたといえます。

そのようなペイシストラトスの政治それ自体は穏健であり、文教政策にも努めるなど善政といえるものでした。しかしながら、彼の政治が本来、独裁的なものであったことは否定できません。そして、そのことが息子のヒッピアスの圧制として顕在化したといえます。ここで僭主を追放することではじめて実現したのが、アテナイの民主主義でした。ペイシストラトスの後で、もはや貴族による支配は回復不可能でした。同時にアテナイ市民は、一人支配の恣《し》意的な政治によって人々の生命が脅かされる恐怖も経験したのです。独裁者の下で一時的に善政が実現するとしても、長期的にみればそれはけっして望ましいものではない。このような市民の政治的判断力の成熟を待って、民主主義の政治が実現したといえるでしょう。

民主主義とは

そこで本節冒頭のクレイステネスの改革の話に戻ります。彼の改革が画期的であったのは、都市の中心部だけでなく、農村部などの周辺領域に対しても改革の手を広げたことです。ポリスの広場で政治的な議論と決定がなされていたとしても、田園地帯においてなお貴族支配が続いていたとすれば、その意義は限定されるでしょう。すでにみたように、クレイステネスの改革は徹底したものであり、伝統的な血縁の結びつきはもちろん、地縁についても都市部と沿岸部、内陸部の区域を組み合わせることで、特定有力者の支配を防止しています。市民を血縁や地縁によるしがらみから解放し、その上で、新たな部族制をもとに五〇〇人評議会の構成員を選ぶことによって、再編された市民団を都市の政治と直接結びつけたのです。このことは民主主義を考えるにあたって大きな示唆《しさ》を与えてくれるのではないでしょうか。

たしかに民会における真剣な討論と決定は、民主主義にとって重要です。しかしながら、そのような政治的な議論が民会の内部だけにとどまり、その参加者が特権ある一部の市民に限定されるならば、それを民主主義と呼ぶことはできません。古代ギリシアにおいては、決定に先立ち、都市のいろいろな場所で市民による議論が交わされました。それを可能にしたのは、血縁や地縁によるボス支配から解放された新たな市民の存在でした。このことを現代的に翻訳するのならば、議会の内部における議論だけでなく、市民社会における多様な熟議こそが民主主義を支えるのです。そして、そのためには、市民をさまざまなしがらみから解放することが必要です。有力者支配を防止し、人々が有力者を忖度《そんたく》せざるをえない状況を解体することで、はじめて民主主義を可能にする市民の再編が実現しました。そのような市民の独立を支えるために、経済的な再分配もなされたのです。

これらのことは、現代に通じる重要なメッセージといえるでしょう。個人が経済的・社会的に隷属した状態では、どれだけ公共的議論による政治が存在しても不十分です。人々が実質的に議論に参加できる状態をつくり出す必要があるからです。人々の経済的・社会的解放なくして民主主義はありえないのです。

このように完成された古代ギリシアの民主主義において、成年男性市民の全体集会である民会が最高の議決機関になります。民会での平等な発言権を古代ギリシア語でイセゴリアといいますが、イセゴリアはしばしば民主主義の同義語とされました。そして出席者の単純過半数によって決定がなされました。また五〇〇人評議会は、民会の常設の委員会のような存在で、各部族から抽選で選ばれた任期一年、五〇〇人の評議員によって構成されました。これまでアテナイでは、アレオパゴス評議会が存在し、これがローマの元老院にも似た有力貴族の牙城でした。これに対し、五〇〇人評議会が設立されて以降は、アレオパゴス評議会は存続したものの、名目的な存在となりました。

裁判についても、抽選で選出され一年任期で交代する六〇〇〇人の陪審員から成る民衆裁判所が設立されます。単に市民が集まって裁判を行うという素朴な形態から大きく制度化が進んだのです。法が明文化されることで、貴族や一部の人々による恣意的な司法に歯止めがかけられた点と合わせ、司法においても貴族による支配が否定されました。このようにして、民衆裁判もアテナイ民主主義の有力な一翼を担うようになりました。民主主義は立法のみならず、司法においても貫徹されたのです。

すでに触れたように、最盛期のアテナイの民主政治において、すべての公職が抽選で選ばれました。その例外は、軍事的指導者であると同時に政治的指導者でもあった将軍です。ただし、その将軍もまた、民会においては一市民として発言し、軍事的な失敗は厳しい批判の対象となりました。それほど民主主義が徹底されたのが、この時期のアテナイの民主主義だったのです。

戦争と民主主義

ここで一つ指摘しておく必要があるのが、古代ギリシアにおける戦争と民主主義の結びつきです。

現代において、しばしば平和と民主主義の関係に注目が集まります。いわゆる「デモクラティック・ピース（民主的平和）」論が主張するように、民主主義国家の間では戦争が減るという研究もあります。独裁的指導者の下では、その恣意的な判断によって戦争が可能であるのに対し、民主主義国家においては、より多くの当事者が政治的決定に参加します。戦争によって損害を受ける人々から反対の声が上がり、結果的に戦争が抑止される可能性が高まるというわけです。ナショナリズムに煽《あお》られ、「民主的支持の下に」戦争が行われるという反論もありえますが、今日なお、民主主義と平和の結びつきを強調する説が有力であるといえるでしょう。

　これに対し、古代ギリシアにおいて、民主主義の発展と戦争との間には、密接な関連がありました。アテナイなどのポリスにおいて、なぜ平民の力が台頭したのでしょうか。その一つの原因となったのは、平民の戦争への参加でした。ポリスは元来、共同防衛のために集住した戦士の共同体として出発しました。王や貴族も、もともとは戦闘におけるリーダーでした。しかしながら、古代ギリシアではやがて武具や戦術における大きな変化がみられます。貴族戦士の一騎打ちに代わり、鎧を身にまとい、大型の盾をもって集団行動する重装歩兵の密集戦闘隊形が有力になったのです。機動力をもったこの戦法により、ギリシア軍は名高いマラトンの戦い（マラソンの語源となったことで有名です）に勝利しました。

　ちなみに、このような重装歩兵のための武具は自弁でした。自らの費用で武装することができたのは、限られた市民だけだったでしょう。しかしながら、一旦緩急あらば、祖国のために自ら立ち上がる準備をすることが、市民の要件とされたのです。逆にいえば、そのような市民が増えていくことで、彼らの政治的発言権も増大していきました。自分たちはポリスのために戦っている、ならば戦争や外交を含むポリスの意思決定に参加し、発言する資格をもってしかるべきだろう。このような主張こそが、貴族支配から民主主義への移行を推進する原動力となりました（このような軍事的貢献を重視する考え方が、女性に市民の資格を与えない理由ともされました。ただし、たしかに兵士として武装して戦争に参加した女性はいませんでしたが、実際には、女性たちは何らかの形で戦争に参加していました）。

民会において、もっとも重要な審議事項だったのが戦争や外交だったのは偶然ではありません。逆に、ポリスの財政や経済、さらに教育の問題に民会が関わることはほとんどありませんでした。すでに触れたアテナイにおけるソロンの改革なども、国の防衛を担う重装歩兵となる平民の没落を防止するものでした。市民の減少は、直ちに国防力の減少を意味したからです。

ギリシアの都市国家連合とペルシャ帝国との間で展開されたペルシャ戦争において、マラトンの戦いは重要な意味をもった陸戦でした。同じくサラミスの海戦ではさらに、軍艦をこいだ一般兵士が大きな役割をはたします。彼らは自弁で武装する経済力をもたない平民たちでしたが、そのような兵士たちが活躍することで、市民の資格はさらに拡大したのです。

もちろん、このことは、戦争がなければ民主主義の発展がないという意味ではありません。戦争と民主主義の関係が不可分であるというわけでもありません。しかしながら、二〇世紀においても、多くの国々で女性参政権が実現したのは、二つの世界大戦の後でした。総力戦の時代において、国のために戦うのは前線の兵士だけではありません。男性に代わる労働力として多くの女性が工場労働などに動員されました。結果として、女性の協力なくして戦争の遂行も不可能となったことが、女性参政権が実現するきっかけになりました。戦争と民主主義の前進との間の、独特な結びつきといえるでしょう。

さらにいえば、アテナイは古代ギリシアにおいてもっとも民主主義が発展したポリスでしたが、同時に、ポリス間の覇権国家でもありました。いわば、アテナイにおいて、内の民主主義と外の帝国主義が一体となっていたのです。その結びつきを考えると、たしかにアテナイの軍事的優位により、諸ポリスの富がアテナイ国内に還流し、それが市民の間に再分配されることで、平民の地位が向上したことは否定できないでしょう。問題は覇権を失って以降のアテナイの民主主義ですが、この点は次節でみていきたいと思います。

参加と責任

古代ギリシア史家の橋場弦《ゆずる》は、このような古代ギリシアの民主主義を「参加と責任のシステム」と呼びます。ここまで述べてきたように、ポリスにおいて、市民は誰もが民会に参加し、平等に発言し、採決にあたって一票を投じることができました。アテナイには最盛期で四万～五万人の市民がいましたが、重要な決議には六〇〇〇人ほどの参加が必要とされました。このことは同時期の議場の大きさからも裏づけられています。

定例民会は年に四〇回ほど開催され、もっとも遠い場所からだと来るのに一日以上かかることもありました。参加する負担はけっして小さなものではなかったのです。それにもかかわらず、参加率についても、デンマークの研究者M・H・ハンセンによる研究によれば、想像以上に高かったようです。民会の出席者には手当が出されましたが、何より、民会に出席して発言することそれ自体が、市民として誇るべきことであり、その務めであると考えられたのです。民会に武器を携帯することは禁止されました。あくまで議論を通じて物事を決めることが求められたのです。

民会だけでも大変そうですが、評議会のメンバーになると、その負担はさらに大きくなりました。評議員に選ばれると、一年間ほぼ毎日、これに通うことになります。評議会は議案を先議して民会への提案を決めるとともに、決定事項の実施も担当したので、実質的な政府の役割をはたしました。この評議員は、各部族から三〇歳以上の市民五〇人が抽選で選ばれましたが、ソクラテスもまた、この評議員を務めています。

参加の一方で「責任」についても強調しておく必要があります。民主主義において、参加の契機をみるだけでは不十分です。それと同じくらい、責任の契機を重視する必要があるのです。それでは責任とは何でしょうか。一例を挙げれば、任期を終了し、公職を全うしたとします。そのことは直ちに負担の終了を意味しませんでした。というのも、任期中にしたことについて、厳しい審査が待っていたからです。会計報告を行い、公金を横領せず正しく用いたことを示せなければ、市民からの告発により、裁判にかけられることを免れませんでした。会計業務以外の公務についても同じです。有罪となれば、罰金や市民権の剝奪《はくだつ》、財産没収、さらには死刑もありえました。

さらには弾劾《だんがい》の仕組みがあります。近年でも、アメリカのトランプ大統領の弾劾裁判が話題を呼びましたが、この制度の起源は古代ギリシアに遡ります。政治権力者といえども、つねにその責任を追及され、裁判の結果、罷免や処刑を含む刑罰に服することがありました。古代アテナイの民主主義といえば、必ずその名前が挙がる指導者ペリクレスですが、彼もまた例外ではありませんでした。政治家が不正を行ったり、徒党を組んだりすることで、民主政治を転覆するのではないか。このような疑念を抱いた一般市民の告発により、有力政治家がしばしば裁判にかけられたのは、古代ギリシアの民主主義の特徴といえるでしょう。

さらには有名な陶片追放の制度もありました。この仕組みは、僭主になる危険性のある政治家の名前を陶片に記して投票するものでした。この制度は、政治家の罪を裁くものではなく、追放された人物の市民権や所有権は保護されました。一〇年たてば帰国が許され、政治家として復活することもできました。要は、この制度によって、特定の政治家が有力になって僭主になることを警戒したものです。すでに言及した古代ギリシア史家のフィンリーは、「アテナイの政治指導者であることの条件を最もよく表す言葉を一つだけ選ばなければならないとしたら、それは「緊張」という言葉になる」(『民主主義　古代と現代』講談社学術文庫、九四頁)と指摘しています。官僚制も常備軍もないなか、政治的指導者は民会での議論でイニシアチブを取り、弾劾裁判や陶片追放の可能性にさらされ続けたのです。

民主主義が参加と責任の両方の契機から成り立つことは、現代においてあらためて重要な意義をもってくるのではないでしょうか。

3　民主主義の批判者たち

それでも民主主義は残った

このようにして、アテナイをはじめとする古代ギリシアのポリスにおいて民主主義が花開きました。しかし、本書の冒頭で述べたように、民主主義にはつねに批判者が存在しました。民主主義の問題点を指摘し、その存続可能性を疑う声は、民主主義の歴史と同じくらい古いのです。

一例を挙げれば、「アテナイで民主主義が花開いたものの、その最盛期は短く、ペリクレスのような優れた指導者を失って以降はむしろ衆愚《しゅうぐ》政治へと陥った」としばしばいわれます。あるいは「スパルタとの覇権争いに敗れたアテナイでは政争が相次ぎ、デマゴーグと呼ばれる扇動政治家によってポリスが分裂した」という説明も、しばしばみかけます。はたして、これらの評価はどれくらい妥当なのでしょうか。

まず指摘しておかなければならないのは、それでも、アテナイにおいて民主主義は二〇〇年近くも機能し続けたことです。この間、アテナイは全ギリシアにおいて、もっとも豊かで、もっとも安定し、文化的にも実り多いポリスでした。この期間はけっして短いものではありません。さらにこの間、橋場弦が指摘するように、民主主義の諸制度は機能することをやめず、むしろ安定・強化された側面もあったのです。民主的な参加の程度も拡大していきました。背景にあったのは、アテナイの人々がこの制度に深い愛着を抱き、その維持に努めてきたことです。

後ほどみるように、プラトンやアリストテレスをはじめ、古代ギリシアの哲学者たちの多くは、民主主義の政治について批判的、あるいは懐疑的でした。エリート層の多くにおいても、民主主義に対する厳しい評価がみられました。にもかかわらず、市民一般においては、むしろ民主主義への親近感、そして民主主義によって結びつけられているという意識がみられました。ペルシャ戦争の勝利は、ポリスの市民たちに、自分たちの政治体制への強い誇りを抱かせたことでしょう。「自分たちは、一人の専制的支配者に隷従《れいじゅう》する政治体制の臣民ではない。平等な市民によって運営される自由で民主的なポリスの市民である。だからこそ、自らの国を自分たちの力で守る気概をもっているのだ」。このような市民の自覚と誇りこそが、ポリスの民主政治を存続させた原動力だったのです。

そのような市民たちは、政治家や役人たちの公的責任も厳しく追及しました。不正があれば裁判の場に引き出し、容赦なく批判の下に置いたのです。政治家たちもこれに応えることで、はじめて自らの指導力を発揮できたのです。このような「参加と責任のシステム」こそが、多くの批判にもかかわらず、民主主義を支え続けたのでした。

デマゴーグ――ポピュリズム政治の元祖

古代ギリシアにおける民主主義を誤った方向へと導いた存在として、しばしば指摘されるのはデマゴーグです。彼らは自らの野心に従い、大げさな言葉や振る舞いによって人々の注目を引きつけ、民衆におもねったとされます。ある意味で、現代のポピュリズム政治家の元祖ともいえる存在かもしれません。そのようなデマゴーグが跋扈《ばっこ》することで、アテナイの民主主義もまた衰運へと向かったとしばしば語られます。このようなデマゴーグ批判の歴史は古く、同時代的にも、歴史家のトゥキュディデスや喜劇作家のアリストファネスなどによって、繰り返し述べられてきました。

デマゴーグによって国策を誤った例としてしばしば挙げられるのが、シチリア遠征です。スパルタとの抗争が続くなか、アテナイはシチリアに空前の規模の大軍を送りますが、あえなく大敗します。前四一三年に悲報が届くや、アテナイでは大混乱が生じました。なぜこのような結果を招いたのか。遠征を認めた民会の決定は正しかったのか。そのような決定を下すにあたって誰に責任があったのか。このような議論が百出したのです。

ペリクレスの死後、アテナイの国政を担った指導者たちの多くは、貴族出身ではありませんでした。ペリクレス自身は貴族の出自でしたが、それに続く政治家たちは主として商工業者であり、親からの資産を継承した富裕層に属しました。彼らはペリクレスのような圧倒的な指導力はもちえず、それがゆえに主導権を握ろうとして民衆に迎合したというのが、トゥキュディデスの分析です。

トゥキュディデスによれば、そのような新興の指導者は、戦争によって植民地を獲得して財貨を得ようと願い、好戦主義へと傾斜していきました。このような戦争への志向を強く支持したのが下層市民です。これに対し、富裕層はむしろ戦費の負担を嫌って（戦費を主に担ったのは富裕層でした）平和を望みましたが、最後はデマゴーグに煽られた人々に押し切られたというのです。アリストファネスも、その作品のなかで、主戦派の代表であるクレオンを激しく攻撃しています。

ある意味で、トゥキュディデスやアリストファネスによる批判は、当時における保守派の言説を代表しているといえるのでしょう。アテナイにおける民主主義が行きすぎた結果、好戦的になった下層市民に迎合するデマゴーグが跋扈し、結果として国策を誤った。このような彼らの評価にどれだけ妥当性があるとしても、そこに一定のバイアスがかかっていたことも否定できません。

明らかなのは、この間に、貴族の門閥《もんばつ》支配が最終的に否定され、経済的実力に支えられて平民から台頭した人々が、政治的指導者の地位にまで上昇したことです。そして、彼らの武器はその弁舌にありました。彼らは言葉の力によって人々を説得しようとしたのです。その限りでは、アテナイの民主主義がいよいよ完成の度を増したといえなくもありません。

リーダーシップの是非

問題は古代ギリシアの民主主義における、リーダーシップの重要性です。ここまで述べてきたように、都市国家であるポリスにおいて、現代でいえば、職業的な政治家や官僚にあたるような人々は存在しませんでした。評議会が政府の役割をはたしたともいえますが、その構成員も各部族から抽選で選ばれた普通の市民でした。そして公の決定はすべて民会でなされたのです。その意味で、もし市民に話しかけ、その理性と同時に感情に訴え、多様な利害を集約して一つの決定を導くような人物がいなければ、ポリスは分裂と混乱を免れなかったでしょう。特別な権力もなければ、手足となって働いてくれる人もいないままに、古代ギリシアの政治家は奮闘したのです。

その意味で、デマゴーグ――価値中立的にいえば、弁舌の力で人々を動かそうとした政治家たち――はアテナイの民主主義にとって構造的に不可欠な存在でした。

リーダーシップの存在が不可欠であるとすれば、次に問題になったのは、そのようなリーダーが何に突き動かされているかです。それがポリス全体のことを考えた公共の利益なのか、はたまたリーダー自身や、その周辺にいる人々の私的利益なのか。良い政治的リーダーと悪い政治的リーダーを区別するものは何かということで、古代ギリシアでは多くの議論がなされました。

とくに問題になったのがスタシスと呼ばれた党派です。政治家がもっぱら党派の利害に沿って行動すれば、全体としての政治は歪んだものになります。党派対立が激化すれば、ポリスの分裂すら起きかねません。とはいえ、ある意味で、民主主義は党派と不可分の関係にあるともいえます。政治に参加する人々が拡大するほど、利害や意見は多様になり、一枚岩にはなりにくいからです。結果として、この党派の弊害をいかにして除くかに、多くの関心が寄せられました。

哲学者たちの民主主義批判

古代ギリシアには多くの哲学者が登場しました。宗教的権威を独占する神官のいなかったポリスでは、万物の本質や宇宙の原理について自由な考察が可能でした。哲学とは本来、「知を愛する」を意味する言葉です。「知を愛する人々」、すなわち哲学者が多く現れたのも、人々が自らの頭で納得するまで考え、自由に議論を交わすというポリスの気風と不可分であったはずです。

そのような哲学者はやがて、自然の世界だけでなく、政治の世界も検討の対象としました。とくに関心が集まったのが政治家のリーダーシップです。

アリストテレスは、政治的支配について、一人の支配、少数の支配、多数の支配に応じて君主政、貴族政、民主政を区別しましたが、興味深いのは、それぞれについて堕落形態があると論じていることです。すなわち、僭主政、寡頭《かとう》政、衆愚政です（より正確には、アリストテレスは、良き多数者支配をポリテイアと呼び、デモクラティアを否定的な意味で用いています）。いずれの堕落も、統治にあたる人間が公共の利益ではなく、私的利益に突き動かされることによって生じるとアリストテレスは考えました。

アリストテレスの師であるプラトンは、さらに民主主義に対して批判的でした。原因は、プラトンが敬愛したソクラテスの刑死です。ソクラテスは、アテナイの若者をそそのかし、伝統的な神々を否定したとして、民衆裁判にかけられます。その過程はプラトンの『ソクラテスの弁明』に詳しく描かれていますが、ソクラテスは民主的な裁判の結果として死んでいったわけです（ソクラテス裁判の背景には、当時のアテナイの政治状況がありました。ソクラテスは、寡頭派とのかかわりを疑われたのです。しかし、この点については、これ以上論じません)。これにプラトンは衝撃を受け、民主主義への疑問をもつに至りました。

多数者の決定だからといって正しいとは限らない。そうだとすれば、政治をより良いものにするには、一人ひとりの人間を道徳的にしていくしかない。政治家は自らが道徳的であるだけでなく、人々を道徳的に陶冶する能力をもつべきであろう。プラトンが行き着いたのは、何が道徳的に正しいか、良き生活、良き徳とは何かを知る哲学者こそが統治の任を負うべきであるという結論でした。有名な哲人王の構想です。

プラトン

このようなプラトンの考えは『ポリテイア(国家)』という作品にもっとも典型的に示されています。後年の『法律』や『政治家』といった著作においてはむしろ、プラトンの議論はアテナイの現実に近づいていますが、プラトンの哲人王の構想が、古代ギリシアにおける哲学者による民主主義批判の最たるものであることは間違いないでしょう。真理の存在を追究する哲学者にとって、民主主義とは「真理の支配」ではなく、雑多な「意見(ドクサと呼ばれました)の支配」に過ぎなかったのです。そのような意見は、時々の状況によって影響される不確実なものとみなされました。

このことを逆にいえば、民主主義は、多様な意見によって成り立つということです。政治的に真理とは何か、しばしば一義的には確定できません。ならばむしろ、利害や意見を異にする人々が、相互に議論して決定を下すことを重視するべきではないか。そのような価値観に民主主義は依拠しているのです。

民主主義の復原力

シチリア遠征の失敗後、アテナイの迷走が続きました。戦争継続を支持する民主派に対して旧貴族派が巻き返し、前四一一年、いったんは「四〇〇人政権」と呼ばれる寡頭支配が成立します。この政権はまもなく崩壊して民主政が復活しますが、アテナイがスパルタに屈服することで、前四〇四年には再度、「三〇人僭主」による寡頭政権が成立しました。スパルタ進駐軍の後押しで成立した政権でしたが、やがて恐怖政治を行うことで民主派の反発を招きます。結果として、またしても民主政が復活したのです。ここには民主主義の驚異的な復元力がみられます。アテナイ人にとって、この政治体制がいかに手放しがたいものであったかがわかるでしょう。

アテナイ市民は、民主主義をより着実なものへと修正すべく、努力を続けました。再び古代ギリシア史家の橋場弦の言葉を借りれば、「若々しいエネルギーにあふれてはいるが、いったん優れた指導者を失えばときとして暴走しかねない以前の民主政のありようから、より成熟し、安定した姿へと生まれ変わった」（『民主主義の源流』講談社学術文庫、一九一頁）のです。具体的には、寡頭派市民と和解し、報復の連鎖を断ったこと、民会や民衆裁判所で議論を行い、あらためて民主主義の原則の維持を確認したこと、さらに法（ノモス）の地位を高めるべく、通常の民会の決議と法を明確に区別したことが挙げられます。アテナイの民主主義は法の支配を実現することで、再度、安定した発展の道をたどり始めたのです。

興味深いのは「違法提案に対する公訴（グラフェー・パラノモン）」という制度です。これは、民会や評議会で法に反する提案がなされたと思われる場合、その提案者を告発するための制度です。民衆裁判所で認められれば、議案は廃案になり、決議は失効しました。さらにその提案者は厳しい処罰を受けたのです。ある意味で、民会における決議を民衆裁判所が覆すことを可能にする制度であり、はるか後年の違憲立法審査権を思わせる仕組みです。アテナイの民主主義は単に続いただけでなく、間違いなく進化を続けたのです。

復活したアテナイの民主政はこの後も八〇年ほど続き、海外の領土こそ失いましたが、経済的には発展していきます。民会への出席者も増加し、政治参加の意識も深まっていったのです。たしかに、この間に強大化した北方のマケドニアに対し、アテナイは前三三八年のカイロネイアの戦いで敗北します。結果として、アテナイはマケドニアに屈服し、民主政も失われるわけですが、ここまで繰り返し述べてきたように、アテナイの民主主義はけっして短期間で終わった徒花のようなものではありませんでした。それは長期にわたり持続し、法の支配を伴った、より成熟したかたちへと発展していったことを忘れてはなりません。

古代ローマの共和政

古代ギリシアに生まれた民主政と並び称されるのが、ローマの共和政です。その後の歴史において、しばしば民主政と対比されつつ重要な政治体制のモデルとなった共和政について、ここで触れておきたいと思います。後に論じるように、共和政はときに民主政を批判する原理として強調されるようになります。

共和政の語源となったのは res publica というラテン語です。「公共のことがら」を意味する言葉で、転じて、国家や共和政体を意味するようになりました。アテナイやスパルタと同じく都市国家としてスタートしたローマですが、初期においては王政の時代が続きました。ところが前五〇九年、第七代の王であったタルクィニウス・スペルブスが追放され、共和政が始まります。この際に用いられたのが res publica という言葉でした。そこに込められていたのは、国家は市民にとって公共のものであり、王の私的利益ではなく、国家全体の公共の利益に基づいて運営されるべきであるという理念でした。

このres publicaから、近代語としてのrepublic（共和国、共和政）という言葉も生まれます。さらに、この言葉を文字通り英語に置き換えたのがcommonwealth（commonは「共通の」、wealthは「富」）です。国家一般を意味し、現代ではとくに英連邦を指す言葉として使われています。

問題は共和政のもつ含意です。国家は市民にとって公共的な存在であり、それを動かす原理は公共の利益であるという理念は、この言葉とともに継承されていきます。民主政が「多数者の利益の支配」を含意するとすれば、共和政は「公共の利益の支配」を意味しました。「多数者の利益」はいかにその数が多くても、社会全体からみれば部分利益に過ぎません。これに対し、「公共の利益」は社会全体の利益であるというわけです。

その後の歴史を考えると、民主主義という言葉はどちらかといえば否定的な意味合いで用いられることになります。そこにはつねに「多数者の横暴」や「貧しい人々の欲望追求」という含意がつきまといました。これに対し共和政は「公共の利益の支配」として、正当な政治体制のモデルとして語られ続けたのです。結果として、自由な市民による自己統治という理念は、むしろ共和政という言葉とともに継承されました。

加えて、古代ローマの共和政には独特な制度的工夫がありました。すでに触れたように、君主政、貴族政、民主政はそれぞれ堕落すると、僭主政、寡頭政、衆愚政になってしまいます。いくら良い政治を行っても、いつまでも続くとは限りません。むしろどれだけ良い政治体制であれ、必ず堕落と腐敗を免れないというのが、人類の経験から学べることでした。これに対し、古代ローマの共和政は、一つの政治体制の中に君主政・貴族政・民主政の要素を組み込むことで、政治体制の堕落を食い止めようとしました。すなわち、コンスルと呼ばれた執政官、元老院、民会がそれぞれ、君主政（一人の支配）、貴族政（少数者の支配）、民主政（多数者の支配）の機能をはたすというわけです。三つの機能が互いにチェックし合うことで、政治体制全体の堕落と腐敗を防止するという考え方は、ポリュビオスによって理論化され、以後の政治学において一つのモデルとなりました。

結果として共和政は、肯定的な意味合いをもつ言葉として長く使われ続けます。対する民主政には、否定的な含意がつきまといました。本書の冒頭以来、民主主義が二五〇〇年の歴史をもつことを強調してきましたが、その歴史の大半において侮蔑的な言葉だったのです。民主主義が肯定的な言葉として用いられるようになったのは、ここ数世紀のことに過ぎません。

そうだとすれば、なぜ民主主義という言葉は近代になって再度、注目されたのでしょうか。あれほど否定的な含意で用いられたこの言葉は、いかにして肯定的な意味合いを獲得したのでしょうか。ここで目を近代ヨーロッパに転じてみたいと思います。

第二章　ヨーロッパへの「継承」

1　西欧における議会制

それは民主主義なのか？

古代ギリシアの都市国家において民主主義が生まれたとすれば、その重要な条件の一つは対面型社会だったことにあります。アテナイの面積は佐賀県程度でしたが、これは他のポリスと比べても、かなり大きな都市国家でした。アリストテレスは、理想的なポリスの人口を五〇四〇人としています。「ひと目で全体が見渡せるくらい」のサイズがちょうどいいというのです。そのような大きさであれば、市民は民会に集い、直接議論を交わすことも容易です。

都市と周辺の農村部から構成されたアテナイにおいても、民会が開催される日には、市民は数日がかりでプニュクスの丘に駆けつけました。市民の参加意識が高かったのも、直接顔を突き合わせて、自ら発言する機会をもてたことと無縁ではないでしょう。同時に、すべての公職が原則として抽選で選ばれたことも重要でした。市民にとって政治はきわめて身近なものだったのです。民主主義を支えたのがこのような条件であったことは、いくら強調してもしすぎることはありません。

そうだとすれば、現代の私たちが民主主義と呼んでいるものは、これとは大きく異なる政治体制ではないでしょうか。私たちは自ら国会に赴いて、国政について他の市民と議論を交わし、その上で決定を下すことはありません。公職についても、選挙で代表者を選ぶことでよしとしています。これに対しアリストテレスは、民主主義にふさわしいのは抽選であり、選挙はむしろ貴族政的性格が強い仕組みであると述べています。

学校の教科書などでは、「近代の領域国家では、市民が直接集まることは不可能なので、代表者を選ぶことで自分たちの意志を表明する代議制民主主義を採用している」などと説明されていますが、話はそれほど単純ではありません。私たちが本来問い直すべきは、自分たちが日常的に民主主義と呼んでいるものが、本当に民主主義といえるのか、ということなのです。

本書の冒頭で、「民主主義国家とは、公正な選挙が行われている国を意味する。選挙を通じて国民の代表者を選ぶのが民主主義だ」という主張を取り上げました。私たちはしばしば選挙を民主主義の中心的要素とみなし、自分たちの代表者を選ぶことを民主主義の証しであるとします。しかし、これは本当にそういえるのでしょうか。そういえるためには、いかなる条件が必要でしょうか。

これらの問いを愚直に考えることがなければ、民主主義はたちまち無内容な言葉になってしまいます。古代ギリシアの民主主義を、近代ヨーロッパが本当に「継承」したといえるかどうか、あらためて考え直す必要があります。

イタリアの都市国家

ここでまず注目すべきはイタリアです。一一世紀頃から、北・中部イタリアにおいては、フィレンツェやヴェネツィアをはじめ、コムーネと呼ばれる都市国家が発展していきます。貨幣経済の発展を背景に、コムーネの都市貴族たちは封建領主と戦い、自治権を獲得しました。コムーネは、さらにその周辺部を封建領主から奪うことで、あたかも古代ギリシアを思わせる、都市部とその周辺部から成る都市国家が成立しました。

神聖ローマ帝国皇帝フリードリヒ一世は、このような都市国家を支配下に入れようと遠征を試みます。これに対し、北イタリアの都市国家はロンバルディア同盟を結成して対抗しました。最終的に、レニャーノの戦いにおいて勝利した都市国家連合は、コンスタンツの和約によって、その自治権を正式に承認させることに成功したのです。

コムーネの中核をなしたのは、中下級の都市貴族たちでした。このような貴族たちは評議会を構成し、その評議会が選んだ一二人程度のコンソリと呼ばれる執政官が行政、外交、軍事を担当しました。しかし、このような貴族たちによる寡頭的な門閥支配は、次第に揺らぎ始めます。党派争いで混乱したコムーネでは、やがてポデスタ制が採用されました。ポデスタは一人制の執政官職ですが、公平を期すために外国人の貴族が任命されたのです。利害関係のない、外部の人材の力を借りることで、ようやくコムーネは安定したといえます。このような都市共和国が、一二世紀から一三世紀にかけて北・中部イタリアに広がりました。

興味深いのは、コムーネの内部でやがて平民（ポポロ）が台頭していったことです。平民は都市を支配する旧来の貴族と対決し、自分たちの組織をもつようになります。アルテと呼ばれたギルド組織がそれであり、独自の執政機関をもち、その最高委員であるプリオーリが都市の政府に加わりました。

このような過程は、前章で検討した古代ギリシアにおける民主主義の発展を思わせます。初期には貴族たちが都市に集住して、独自の評議会をもつ統治組織を構成し、やがて平民の地位が向上するにつれ、その参加が次第に制度化されていったからです。ここに古代ギリシアにおける「政治」、すなわち公共的な議論による意思決定と、人民の政治参加と責任追及のシステムである「民主主義」が、古代ローマの故地であるイタリア半島において復活する可能性が生じたのです。

実際、この時期のイタリアでは、古代ギリシアやローマの哲学や政治学への関心が高まります。イスラム世界を通じて、アリストテレスをはじめとする古代の哲学者や歴史家の著作が次々と紹介され、研究されていきました。このような古典への関心の高まりは、人文主義（ヒューマニズム）と呼ばれました。やがてルネサンス文化が花開き、ニッコロ・マキアヴェリのような人物が活躍したのは、このような都市共和国においてでした。『君主論』で知られるマキアヴェリですが、彼は同時に優れた人文主義者でした。共和政ローマにも強い関心をもち、『ローマ史論』という著作を執筆しています。マキアヴェリを通じて、古代の政治についての知識や関心が、その後ヨーロッパの各地に広がっていきます。

もちろん、このようなイタリアの都市共和国を、直ちに民主主義と呼ぶことは難しいでしょう。たしかに各アルテはその代表者を政府に送り込みました。そこにある種の代表制の萌芽をみることもできます。その意味で、イタリアの都市国家は民主主義への道を開いたといえるかもしれません。とはいえ、その水準は、複数の集団が代表を通じて相互に利害を調整し、そのことを通じて協調体制を築いたというにとどまります。市民の直接的な政治参加を中核とする古代ギリシアの都市国家を思えば、この集団間の協調体制を民主主義と呼ぶことはできないでしょう。しかも、都市内部で党派争いが起き、混乱が続くなかで、最終的には、シニョーリア制と呼ばれる有力貴族による独裁制（フィレンツェのメディチ家が有名です）が成立し、コムーネは自己解体していきました。民主主義の経験としてみる限り、イタリアの都市国家は失敗に終わったといわざるをえません。

それでもなお、イタリアの都市国家は、古代から何かを「継承」したことは間違いありません。その継承物の中に「政治」と「民主主義」の理念が含まれていたことを、あらためて確認しておきたいと思います。

起源としての身分制議会

それでは、近代西欧における民主主義の出発をどこに求めればいいのでしょうか。ここでいよいよ議会制について考えていきたいと思います。すでに指摘したように、議会制そのものは、直ちに民主的であるとはいえません。その起源を探れば、西欧における議会制は元々身分制議会でした。貴族や聖職者などの諸身分の代表者が集まり、課税問題などをめぐって王権と交渉を行う場が議会であり、西欧の封建社会に由来する仕組みです。後年、この身分制議会が近代的な議会へと発展していくわけですが、出発点だけをみれば、民主主義との親近性はそれほどありません。

たしかに、はるか昔に遡《さかのぼ》れば、西欧の議会制の原形には古《いにしえ》のゲルマン民族の集会があったかもしれません。ゲルマンの首長たちは、重要な問題を決定するにあたって、指導者たちだけで決定するのではなく、共同体を構成する多様なメンバーの意見を聞こうとしました。そのために民衆の参加する集会も開かれました。が、このような集会は、すでに触れたように、人類社会を振り返れば、多様な時代の多様な社会にみられるものでした。ゲルマン人の集会も例外ではありません。問題は西欧の封建社会において、それがどのように制度化されていったかです。

封建社会において、王権は存在しましたが、実質的な権力は各地に散らばる封建領主の間で分割されていました。それぞれの領主は自前の軍事力をもち、司法を行い、秩序を維持しました。領主たちは国王に対して奉仕義務をもち、戦時には自ら軍を率いるなど貢献を求められました。とはいえ、平時における国王の歳入のほとんどは、自らの直営地から得たものでした。当然、大規模な常備軍や官僚制をもつことは不可能です。

このような状態から出発したものの、やがて西欧の王権は、初期は司法権の掌握《しょうあく》を通じて権力を拡大し、その後は戦争の必要から、次第に領土全体への徴税権を拡大していきました。やがて、国王の個人的資産としての国家（家産制国家）から、人々からの幅広い納税によって支えられる国家（租税国家）へと成長を遂げます。

このように、国家は税を課すことができるようになりますが、そのためには条件が必要でした。それが身分制議会による承認です。国王は、臣下の貴族の財産を一方的に収奪することができませんでした。そのために身分ごとの代表を召集して議会を開催し、課税を正当化するため、納税者の承諾を得なければならなかったのです。

もちろん、これがつねにスムーズに進んだわけではありません。悪名高いのはイングランドのジョン王でしょう。ジョン王の相次ぐ課税要求に対して貴族たちが反乱を起こし、最終的に王と貴族たちは一二一五年に、「マグナ・カルタ（大憲章）」を結ぶに至ります。この憲章により貴族たちは、自らの自由と権利を王に承認させ、王権に制限を課すことに成功しました。国王といえども権力は無限ではなく、臣民の自由と権利を守り、法の支配に服する限りで、その支配は正当化されることが確認されたのです。この原則が、その後のイングランドの政治制度が発展する礎になりました。

ここで重要なのは、西欧において国家システムが整備され、中央集権化が進む一方、これに対抗する社会の力も強まっていったことです。身分制議会はあくまで特権者のための機関でしたが、これが次第に国家に対する抵抗の拠点になったことは間違いありません。国家が一方的に強くなり社会を従属させると専制国家になりますし、国家が弱体で社会の抵抗だけが強ければ無秩序に陥ります。これに対し、両者の間に均衡がある場合にのみ、国家は社会に対して一定の説明責任をもつことになりました。

このことを指して、政治学者のフランシス・フクヤマは、「ヨーロッパの歴史におけるこの時点から政治制度の発展は、集権化する国家とそれに抵抗する社会集団の間の対決の物語であった（中略）。そして、国家と抵抗勢力の均衡がとれているときに、説明責任を果たす政府が生まれるのである」と論じています（『政治の起源』下巻、講談社、一一八―一一九頁）。

もちろん、これは容易なことではありませんでした。経済学者のダロン・アセモグルと政治学者のジェイムズ・ロビンソンは、「国家の要求と社会の反応がせめぎ合うなかで平和的な均衡を見出すのは、並大抵のことではなかった」（『自由の命運』上巻、早川書房、二九九頁）と述べています。さらに彼らは、国家と社会とが危うい均衡を実現することを「狭い回廊」とも呼び、この「狭い回廊」をくぐり抜けた国だけが、自由と繁栄に近づいていったと主張します。

英仏の近代化

それでは、西欧においてどの国が、この「狭い回廊」をくぐり抜けることに成功したのでしょうか。

イングランドにおいては、一七世紀前半に王権と議会の対立から内戦が起こり、一時的に王制が廃止されます。結果として、議会制の共和国が成立しました。内乱のきっかけとしては、宗教問題をめぐる対立と同時に、王による課税問題がありました。この時期の最大の政治思想家は、『リヴァイアサン』（一六五一年）の著者トマス・ホッブズです。ホッブズは、個人の生存権を保障するために、無秩序を克服する国家（リヴァイアサン）の存在を正当化しました。個人の自由と安全を守るためには、強力なリヴァイアサンが必要だと論じたのです。

さらに内戦を通じて、議会軍の兵士の内部に平等派（レヴェラーズ）と呼ばれる人々が台頭します。彼らは人間が生まれながらにもつ自然権を強調し、普通選挙に基づく議会制改革を主張して「人民協約」を発表しました。一六四七年にはパトニー討論会が開かれ、軍の指導者であるクロムウェルら独立派との間で激しい論争を展開しています。最終的に敗北したとはいえ、この時期のイングランドに、平等を求める精神の高揚がみられたことは間違いありま

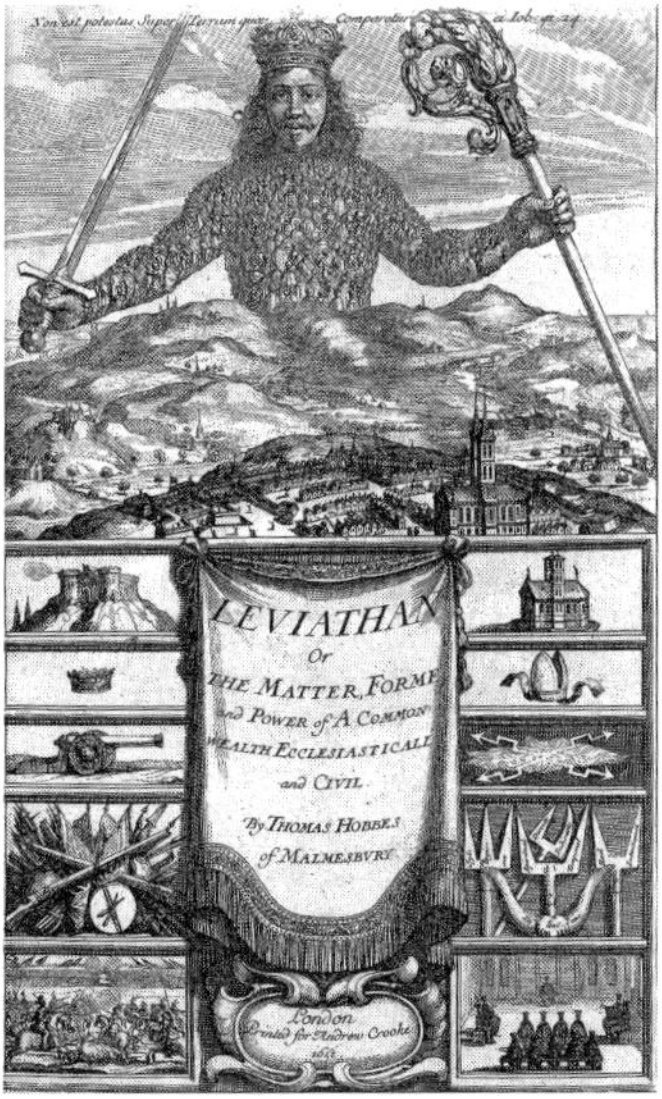

1651年発行の『リヴァイアサン』に描かれた扉絵。

せん。

その後、イングランドでは王政が復古しますが、やがて宗教問題を契機に王位継承法危機が生じ、議会派の主導の下、再び一六八八―八九年に名誉革命が実現しました。このときの議会派のリーダーがシャフツベリ伯であり、その下にいたのがジョン・ロックです。ロックの『統治二論』(一六八九年)は、まさにこのような時代を背景にして書かれました。ある意味で、強力なリヴァイアサンを打ち立てる一方で、それを制約し、枠付ける議会の力も確立したのがイングランドであったといえるでしょう。結果的にいち早く「狭い回廊」をくぐり抜けることに成功したことになります。

続く一八世紀に英国(大英帝国あるいはブリテン帝国、イングランドとスコットランドが合邦して成立)では議会主権が確立し、議院内閣制も始まります。その上で一九世紀以降に選挙権が拡大し、労働者の政治参加が拡大しました。議会主権をまず確立し、その後に政治参加の枠を広げていったのが、英国の道といえるでしょう。

成功の背景にあったのは、中下級貴族が地主のジェントリ階級と結びつき、議会を拠点に王権に対抗したことが挙げられます。やがてこの連合に新興の商工業階級であるブルジョワが加わります。このような連合が可能になった背景として、政治学者のバリントン・ムーアは、『独裁と民主政治の社会的起源』において、土地囲い込み運動などを通じて、領主や地主が早くから商業社会に適応したことを挙げています。結果的に、産業化に反対する強固な貴族・地主階級が存在しなかったことが、英国の発展につながりました。逆にいえば、ドイツなど多くの国においては、農村に基盤をもつ貴族・地主階級が保守・反動勢力となり、民主化に抵抗していたということです。

フランスはどうでしょうか。フランスにおいても宗教内乱を克服したブルボン朝の下、中央集権国家の形成が進みます。常備軍と官僚制を備えた強力な国家を打ち立て、同時代のヨーロッパを代表する君主となったのがルイ一四世です。もっとも今日では、ブルボン朝のフランス国家の基礎が、あまり堅固ではなかったことも指摘されています。それを象徴するのが売官制です。戦争の連続で国庫が疲弊したブルボン朝は、財政赤字を補塡《ほてん》するために官職を売却したのです。これによって有力者は、さまざまな特権や免責を得ることが可能になりました。

その一方、フランスにおいては、中央集権化によって貴族たちは土地との結びつきを弱めます。行政の実務を担ったのは、王が派遣した官僚たちでした。結果として、貴族たちは地域の実力者としての役割を失います。にもかかわらず、貴族たちは特権を享受し続けることで、平民たちの憎悪を買うことになりました。英国とは異なり、貴族と地主、中産階級と農民とが連帯することがなかったのは、そのためでした。

フランスでは、国家のなかに家産制的な要素と近代的要素とが混じり合う一方、抵抗する社会の側においても分断が進み、十分な組織化ができませんでした。結果として、政府に説明責任を課すことができなかったのです。このような状態で中央集権化が進んだことが、フランス政治の不安定さを招きます。政府は有力なエリート層を十分に支配できず、むしろより弱い人々に重税を課すことで、その後のフランス革命の勃発を招きました。

持ち越された民主主義の課題

議会制は、西欧諸国においてそれぞれの展開を見せました。一方では、英国のように、強力な国家と、政府に説明責任を課す議会をともに実現する国がありました。このような国では、国家と社会の均衡が議会制を通じて実現しました。これに対し、フランスのように、絶対王権化が進みつつも家産制的な要素が残り、社会の側でも組織化が進まないことで、議会制を十分に発展させることができない国もありました。フランスには伝統的に三部会という身分制議会がありましたが、この三部会は絶対王政期を通じて、長く開かれることがありませんでした。一七八九年、久しぶりに開かれた三部会を契機に政治的危機が進行し、フランス革命に至ったことは歴史の皮肉でしょう。さらに、貴族や地主が王権に取り込まれたロシアのような国もありました。

このように国家と社会の間に均衡が成立し、「狭い回廊」をくぐり抜けた国においてのみ議会制が発展し、その後の政治的・経済的発展につながったことは重要な事実です。

ただし、繰り返しになりますが、こうした議会制の発展が直ちに民主主義的といえるかについては留保が必要です。フクヤマにしても、民主主義という言葉を避けて、あえて説明責任(accountability)という言葉を使っています。もちろん権力の責任を追及することは、古代ギリシア以来、民主主義の重要な要素です。とはいえ、この時期までの西欧の議会制において、政治参加の契機をどれだけ見出せるかについては、なお疑問が残ります。これらの議会はあくまで特権者の組織でした。その意味では、民主主義の課題は、その後の時代に持ち越されたことになります。

2 アメリカ独立の両義性

アメリカは「民主主義の国」か

一七七六年、英国の統治下にあった北米の一三の植民地が独立を宣言します。後にアメリカ合衆国の第三代大統領となるトーマス・ジェファーソンを中心に独立宣言が起草され、七月四日に大陸会議で採択されました。とくに、「すべての人間は生まれながらにして平等である」と説き、「生命、自由、幸福の追求」を人間の不可侵の権利と謳った前文が有名です。ジョン・ロックの思想的影響が強くみられるこの宣言は、日本国憲法を含め、世界の多くの国々の憲法に影響を与えました。さらに一七八七年には、フィラデルフィアの憲法制定会議でアメリカ合衆国憲法が採択され、翌年に批准《ひじゅん》されています。古きヨーロッパから独立した新しい国の憲法は、現在では世界最古の成文憲法となっています。

結果として、アメリカ合衆国憲法は持続性の高い「自由の体制」を打ち立て、アメリカ合衆国といえばその出発点から「民主主義の国」であるというのが、一般的なイメージでしょう。しばしば神話化されて語られるアメリカの建国ですが、はたしてそういい切れるのか、あらためて考える必要があります。

例えば一七八七年の合衆国憲法には、悪名高い「五分の三条項」がありました。憲法には奴隷制についての明示的な言及はありませんでしたが、「その他の人々」という表現が含まれていたのです。しかも下院議員の定数の算定にあたっては、黒人奴隷は一人の人間ではなく、五分の三人として数えられていました。この条項がようやく廃止されたのは、南北戦争後のことに過ぎません。

さらにアメリカ独立戦争も、民主主義のために戦われたとはいい難い部分がありま す。独立前、北米植民地は大西洋を越えて広がる大英帝国の重要な構成要素でした。植民地人の多くも、自らを英国人として理解していました。たしかに一七七三年のボストン茶会事件を契機に、北米植民地では独立運動が急進化しますが、運動を突き動かしたのは本国による不当な課税への反発でした。自分たちは英国の自由な臣民であるにもかかわらず、その意見が本国の議会では十分に代表されていない。このことに植民地人は不満を高めたのです。結果として北米植民地は独立へと突き進み、新しい共和国としての道を進むことになりましたが、最初から独立を目指したわけではありませんでした。

トーマス・ジェファーソン

さらに、合衆国初期の指導者たち、いわゆる「建国の父」の多くは、奴隷を所有する大地主でした。独立宣言を起草したジェファーソン自身、ヴァージニアの裕福な地主の家に生まれ、その農園では多くの奴隷たちが働いていました。また独立戦争後にはマサチューセッツの貧しい農民がシェイズの反乱を起こし、これに対する恐怖が、フィラデルフィアの憲法制定会議に集まった人々を駆り立てたといいます。そこには、貧しい民衆の急進的な要求によって、民主主義に抑制がきかなくなることへの危惧がありました。

妥協の産物としての合衆国憲法

ある意味で、アメリカ合衆国憲法は妥協の産物です。フィラデルフィアの憲法制定会議で採択された際にも、独立一三邦のうち九つの邦で批准されれば、この憲法は発効することになっていました。結果的には一三すべての邦で批准されたのですが、はたしてこの憲法案がすべての邦で認められるのか、最後の最後まで予断を許さなかったのです。

なぜ、憲法案の批准がそれほど難航したのでしょうか。重要なのは、一三の植民地のそれぞれが、固有の憲法をもつ独立した国家（State）であったことです。一例を挙げればマサチューセッツ州の正式名称は、現在でもCommonwealth of Massachusettsです。文字通りに訳せば、「マサチューセッツ共和国」でしょう。その意味でいえば、独立当初のアメリカ合衆国（United States of America）とは、まさに独立国家の連合体でした。イメージとしては一つの国であるというより、現在の国際連合に近い存在であったといえるでしょう。独立後に作られた連合規約にしても、憲法というより国際条約としての側面が強かったのです。

結果として、中央政府である連合会議には、課税権も、通商規制権も、そして何より常

『憲法制定会議のワシントン』ジュニウス・ブルータス・スターンズ画、1856年、ヴァージニア美術館蔵

備軍をもつ権利がありませんでした。このままでは、ヨーロッパ諸国との緊張が続くなか、アメリカは自らの独立を維持することができず、解体してしまうかもしれない。そのような危惧が連合の指導者の間に強まります。国家連合ではなく、連邦国家としてのアメリカ合衆国をあらためて打ち立てるという決意の下、フィラデルフィアで憲法制定会議が開かれたのです。

この会議で憲法案が採択された後も、それが各邦によって批准される保証はありませんでした。各邦にとって、連邦政府が強い権限をもてばもつほど自分たちの権限が小さくなります。警戒感が募るのは当然でした。憲法案では、連邦政府の権限は明確に条文に列挙されたものに限定され、それ以外は州の主権に留保されることになっていました。また人口の多い州と少ない州の立場に配慮して、上院議員の定員は人口にかかわらず各州同数とされ、下院は人口に応じて配分されました。さらに、上院議員は州議会によって選出されることにしました（現在は直接選挙）。このような妥協や配慮にもかかわらず、新たな連邦政府への疑念は強かったのです。

なかでも、人口が多く有力な、ニューヨーク邦における反発は深刻なものでした。そこで同邦を代表して合衆国憲法草案の作成に加わったアレクサンダー・ハミルトン（初代財務長官）は、ジェームズ・マディソン（第四代大統領）やジョン・ジェイ（初代連邦最高裁長官）とともに匿名で新聞に論文を掲載し、世論の説得に努めました。この論文をまとめたのが有名な『ザ・フェデラリスト』（一七八八年）です。いわば、「建国の父」たち自身による、憲法案についての解説書でした。

ハミルトンのねらいはより強固な中央政府をもつ単一国家としての合衆国でしたが、あえて「フェデラリスト（連邦主義者）」という言葉を使っているあたりに、その配慮がうかがえるでしょう。そもそも大統領（President）という言葉にしても、フランス語の「司会する」に由来する言葉であり、新たな連邦大統領が国王に近い存在になるのではないかという疑念に対して、少しでもそのイメージをソフトにしようと努めています。

それにもかかわらず、合衆国憲法制定への道は最後まで険しいものでした。結果として、どうしても憲法案は妥協の多いものとなってしまいます。本節の冒頭で触れた「五分の三条項」にしても、背景に黒人奴隷への差別があったのはもちろんですが、奴隷の多い州と少ない州との間の妥協の結果として挿入されました。

また連邦政府が幅広いサービスを提供できなくなったことは、現在にまでその影を落としています。すべての国民が十分な医療を受けるための医療保険制度改革、いわゆるオバマケアが、なかなかうまく進まないのも、このことと無縁ではないでしょう。

純粋民主主義と共和政

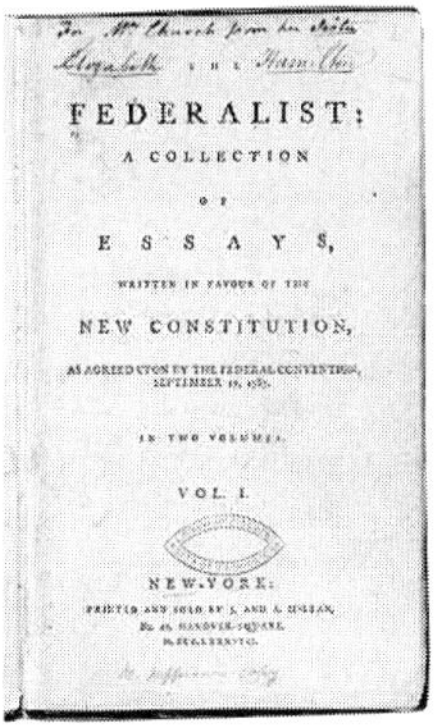
THE
FEDERALIST:
A COLLECTION
OF
ESSAYS,
WRITTEN IN FAVOUR OF THE
NEW CONSTITUTION,
AS AGREED UPON BY THE FEDERAL CONVENTION,
SEPTEMBER 17, 1787.
IN TWO VOLUMES.
VOL. I.
NEW-YORK:

『ザ・フェデラリスト』

すでに述べたように、「建国の父」たちは大地主や、弁護士といった知的職業に就く人々がほとんどでした。彼らは、植民地の上層に位置する人々であり、シェイズの反乱のような動きに対してはきわめて警戒的でした。この反乱は貧しい農民中心の反乱で、独立戦争の退役軍人ダニエル・シェイズを指導者とするものです。彼らは貧困に苦しみ、債務から刑務所に入れられる人も少なくありませんでした。独立の大義に尽くしたのに、自分たちはなぜこのような債務に苦しまなければならないのか。そのような不満が、彼らを税と負債の軽減を求める運動に駆り立てました。それはあたかも、ソロンの改革の際のアテナイにおける債務奴隷問題を思い起こさせる状況でした。

これに対し、フィラデルフィアの憲法制定会議に集まった人々は、このような民衆の急進的な動きに対して脅威を感じる上層階層に属していました。後で触れるように、彼らは立法権の拡大に対して警戒的でしたが、その一因は、貧しい人々の声を背景に、立法権が巨大な力をもつことに対する不安にありました。とくに各州政府によって個人の所有権が侵害されることへの危惧が、より強力な連邦政府の樹立へと彼らを後押ししたのです。

興味深いのは、このような「建国の父」たちが、民主主義に対していかなる態度をとったかです。一例として、前述した『ザ・フェデラリスト』を取り上げてみましょう。この第一〇篇では、純粋な民主政（pure democracy）が共和政（republic）と対比されています。著者たち（第一〇篇を執筆したのはマディソン）によれば、純粋な民主政とは、市民が直接集まって政府を運営する国家です。このような国家では、人々の共通の利益や感情が協力と団結を生み出しますが、反面、多数派によって少数派の利益が犠牲にされることがあります。古代の都市国家がそうであったように、激しい党派争いも起こりがちです。結果として民主主義の国家は不安定であり、個人の安全や財産権を保障することができないと説きます。

これに対し、共和政とは代表制を取り入れた政治体制を意味します。結果として、間接民主主義を通して選ばれた少数の市民が政府を運営します。そのような市民は、国にとっての真の利益、すなわち公共の利益をよく理解しているでしょう。さらに、純粋な民主政は小国にしか向きませんが、代表制を取り入れた共和政ならば、より大きな国家においても実現可能です。このようにして『ザ・フェデラリスト』の著者たちは、純粋民主政ではなく、共和政こそを選ぶべきだと読者に奨めたのです。

ちなみに第一〇篇では、小国レベルでは排除しきれない派閥の弊害を、連邦政府によって緩和することを論じている点でも有名です。人間社会、とくに自由な社会においてはどうしても派閥が生まれます。これが小国レベルでは致命的になるのに対し、大国、とくに連邦政府の下では一定程度、抑制することが可能です。なぜなら地方ごとに有力な派閥が異なるため、連邦レベルではそれらが相殺し合い、結果として公共の利益に近づくからだとマディソンは主張します。後の多元主義論につながる有名な議論ですが、純粋民主政を否定し、共和政を擁護《ようご》する文脈における議論であることが注目されます。

古代ローマのところでも触れましたが、共和政（republic）と民主政（democracy）を対比的に捉える伝統があるとすれば、独立期のアメリカは、まさにその典型であるといえるでしょう。少数の人々(=エリート)によって公共の利益を目指す政治と、より多くの人々の政治参加によって多数者の利益を目指す政治を対比する二分法は、現在のアメリカの共和党(Republicans)と民主党(Democrats)という二大政党の名称にまでつながっているといえます。いずれにせよ、アメリカの独立を指導した人々が民主主義的であったかについては、疑問が残ります。

代議制民主主義が「常識」になる

「建国の父」たちが理想としたのは、「高い知性を持つ、有徳な人々」による共和国でした。人民の直接的な政治参加には消極的であり、すでに指摘したように、上院議員は州議会によって選ぶこととし、大統領を選ぶにあたっても、直接選挙ではなく、大統領選挙人を通じた間接選挙を採用しました(現在では、国民が選挙人を選ぶことで、実質的には直接選挙に等しくなっています)。

その意味でいえば、アメリカ合衆国が、その建国から「民主主義の国」であったというには、いくつかの留保が必要でしょう。たしかにアメリカ独立を導いたのは、独立宣言がいうように、「すべての人間は生まれながらにして平等である」という理念でした。この理念は、アメリカの歴史を貫いて作動し続けたドライビング・フォース（駆動力）であり、その過程を通じて、より多くの人々が「人間」に包摂《ほうせつ》されるようになります。とはいえ、建国の時点では、黒人奴隷が存在し、女性の参政権も認められていませんでした。また、「建国の父」たちは、人民の直接的な政治参加の拡大にはあくまで警戒的でした。そのための代表制であり、立法権を抑制するための複雑な三権分立の仕組みでした。

そもそも、建国期のアメリカにおいて「民主主義」という言葉がとくに積極的に使われたわけではありません。彼らが好んだのはむしろ、共和政や共和国を意味するRepublicでした。その限りにおいて、アメリカ独立をもって、近代における民主主義の大きな出発点というには、どうしても躊躇《ちゅうちょ》してしまうのです。

むしろ、民主主義の歴史を追う本書にとって注目すべきは、直接参加による純粋な民主政は小規模な社会にしか適さないし、可能であるとしても不安定さを免れないというイメージを確立したのが、「建国の父」たる『ザ・フェデラリスト』の著者たちであったということです。あるいは少なくとも、その有力な起源の一つであったということです。さらには、代表制を伴う共和国の方が大国にも適応可能な上に、派閥の弊害を除去する点でも優れているという政治学の「常識」を打ち立てたのも、彼らの影響でした。結果として、私たちは、代議制民主主義こそが、近代の領域国家において唯一可能な民主主義であると信じて疑わなくなっているのです。

『アメリカのデモクラシー』

ただし、それではアメリカ独立は共和主義的でこそあれ、民主主義的でなかったといい切ってしまっていいのでしょうか。この評価もまた適切ではありません。たしかにアメリカを建国した指導者たちには、民主主義への警戒がみられました。しかし、社会のより基層的なレベルをみれば、それとは異なる民主主義の「種」がまかれていたことがわかります。

このことを発見したのは、アメリカ人ではありません。意外なことに、「アメリカのデモクラシー」を発見したのは、フランス人貴族であったアレクシ・ド・トクヴィルでした。トクヴィルもまた一定の警戒感をもって一八三一年、アメリカの地に到着します。はたして貴族抜きに、中産階級が主導する政治体制は存続可能なのか。貴族であるがゆえの偏見と同時に、人類の未来を見定めようという決意をもっての訪米でした（この当時、トクヴィルはまだ二〇代の青年でした）。

トクヴィルが到着したのは、「建国の父」たちが退場した後の時代のアメリカです。「建国の父」の多くが東部の上層階級の出身であったのに対し、時の大統領アンドリュー・ジャクソンは貧しい家庭に生まれ、中西部において自らの力で台頭した人物です。強権政治で知られ、ネイティブ・アメリカンの強制移住政策など悪名の高い人物ですが、民衆からの強い支持によって大統領になりました。トクヴィルはジャクソン大統領を高く評価することはありませんでしたが、彼を大統領に押し上げた大きな力があることに気づきます。

さらにトクヴィルは、東部ニューイングランドのタウンシップと呼ばれる基礎自治体をみて回ります。連邦議会の政治家の水準にはいささか失望気味であったトクヴィルですが、タウンシップで出会った名もなき人々の声には驚かされます。いずれの市民も地域の諸問題をよく理解し、政治的見識という点でもみるべきものがあります。トクヴィルはこのときにはじめて民主主義の力を見出したのです。その原動力にあるのは自治であり、人々は自らの地域の問題を自らのことがらとして捉え、それゆえに強い関心をもっています。政府の力が弱い分、学校、道路、病院などについても、自分た

アレクシ・ド・トクヴィル（テオドール・シャセリオー画、1850年、ヴェルサイユ宮殿蔵）

ちの力でお金を集め、あるいはそのための結社（アソシエーション）を設立して事業を進めていく姿に、トクヴィルは民主主義の可能性を見出したのです。

トクヴィルはフランスに帰国後、『アメリカのデモクラシー』を執筆します（第一巻、一八三五年、第二巻、一八四〇年）。その冒頭にあるのは、「私はアメリカの中にアメリカを超えるものを見た」という言葉でした（松本礼二訳、第一巻（上）岩波文庫、二七頁）。彼は自分が見つけたものを「デモクラシー」と呼びました。後ほどあらためて検討しますが、トクヴィルは狭い意味での政治体制としての民主主義だけでなく、社会のさまざまな側面においてみられる平等化の趨勢《すうせい》、さらにはそこでの人々の思考法や暮らし方までを含めて「デモクラシー」と呼んでいます。その基礎にあるのは自治や結社活動であると考えたトクヴィルは、人々が自らの地域的課題を自らの力で解決する意欲と能力をもつことを、民主主義の最大の可能性と考えました。

少数の優れた人々による政治ではなく、より多くの人々が自らの関心によって参加する政治の方が、社会全体としてみたとき、より大きなエネルギーを導き出す。このような結論に達したトクヴィルは、あえて「デモクラシー」という言葉を本のタイトルに選びました。さらには、「デモクラシー」の進展は神の「摂理」であり、けっして身分制社会への後戻りはありえないと断言するに至るのです。

トクヴィルは自治の習慣を遠くイングランドの地に見出します。それはいわば「種」に過ぎませんでしたが、アメリカの地で根を下ろし、いまや大きく育とうとしています。もちろん「デモクラシー」がつねに正しく、賢明であるとは限りません。このように、「デモクラシー」の弊害について警鐘を鳴らすトクヴィルですが、それでも彼がこの言葉を人類の未来として宣言したことは、その後に大きな影響を与えます。

アメリカが建国以来「民主主義の国」であったかについては疑問が残りますが、その後の歴史を通じて、そこに胎動した民主主義の可能性が拡大していったことについて、あらためて強調しておきたいと思います。

3　フランス革命とルソー

フランス革命の勃発

一七八九年七月一四日、パリのバスティーユ監獄が襲撃されました。王権による専制政治の象徴のようにみなされたこの監獄ですが、襲撃時には政治犯はおらず、実際にはほとんど空の状態だったといいます。とはいえ、それ以前からパリ市内で高まっていた緊張は、この事件を契機に一気に破裂します。ここにフランス革命が始まりました。

緊張の原因となったのは、第一節でも触れた三部会と呼ばれる身分制議会です。イングランドの場合、強力になりつつある国家と、これに「足枷《かせ》」をつけようとする社会との間の均衡を実現する装置として、身分制議会が機能しました。これに対してフランスの場合、ブルボン朝の下でヨーロッパを代表する中央集権国家が成長しますが、三部会が開かれることはありませんでした。一七八九年になって、財政赤字に苦しむ王権は実に約一七〇年ぶりに三部会を召集することを決意したのです。

しかしながら、このことはむしろ危機を加速することになります。集まった三部会のうちの第三身分、すなわち平民の代表は、進まない議論に不満を募らせ、ついに自分たちこそが「国民議会」であると宣言するに至ります。シェイエス（シーエス）によるパンフレット『第三身分とは何か』（一七八九年）が、「第三身分とは何か、すべてである」という有名な言葉で始まっているのは、その象徴でした。

貴族たちが、その生まれを理由に特権を主張し続けるならば、排除してしまえばいい。国民とは平等な個人から構成されるのであり、そこで特定の人間にしか認められない特権を要求するものは、もはや国民ではない。貴族たちが古のゲルマン社会に遡り、自分たちの優位性を主張するのに対し、それはむしろ平等な個人から成る国民からの逸脱者で

1789年５月、ヴェルサイユで開かれた三部会。写真：Mary Evans Picture Library/アフロ

ある、とする鮮やかな切り返しでした。

財政赤字問題から始まった政治的危機は、ここに「人間の平等」という非常に抽象的な原理をめぐる闘争へと転化します。英国の政治家であるエドマンド・バークは、革命直後の一七九〇年、『フランス革命の省察』を執筆して、フランス革命のこのような性格について批判しました。抽象的な原理に基づく急激な社会改革は、蓄積された伝統の知恵を破壊することにつながる。それはあたかも、必要な修繕を加える代わりに建物全体を壊してしまい、更地から設計図通りに新たな建物を作り直すようなものだ。このようなバークの批判は、後に保守主義の源流とみなされるようになりました。

ただし、フランス革命の抽象的な性格が明

らかになったのは、むしろそれからでした。フランス革命の初期には、自由主義的な貴族も改革に加わり、立憲主義的な王政を目指しました。しかしながら、このような改革の試みが次第に行きづまり、外国からの干渉の動きが強まるなかで、革命が急進化していったのです。最終的に国王ルイ一六世と王妃マリー・アントワネットを処刑して、王権を廃止するに至ったのは、ある意味では想定外の事態でした。これまで王国の一体性を体現してきた国王をギロチンにかけることで、新生の共和国は体制の基礎づけを独自に求める必要に迫られました。この段階に至って、革命は自らの正当化を抽象的な原理に依拠せざるをえなくなったのです。

ルソーの影響?

しばしば「フランス革命を起こしたのはルソーだ」といわれます。彼の『人間不平等起源論』(一七五五年)や『社会契約論』(一七六二年)、あるいは『エミール』(一七六二年)の影響が、革命の大きな原動力になったという理解です。しかしながら、今日では、革命勃発にあたってのルソーの影響は、それほど大きくなかったとされます。たしかに彼の小説『新エロイーズ』は当時のベストセラーとなり、一七六一年の出版以来、版を重ねて読まれ続けました。これと比べるならば、彼の政治的著作の読者は限られ、その直接的な影響もそれほど大きくなかったというのです。ルソーは革命より一〇年以上前に亡くなっていますが、彼の政治的言説に注目が集まったのはむしろ、革命が急進化する過程においてでした。

革命を推進するにあたって、ジャコバン・クラブという政治組織が大きな役割をはたします。このクラブのうち、最初に立憲君主制を支持するフィヤン派が脱落し、次に穏健共和制を支持するジロンド派が脱退したことで最後に残ったのが、山岳派（モンタニャール）と呼ばれた急進共和派でした。この山岳派が権力を握り、独裁政治を行ったことをしばしばジャコバン独裁と呼びますが、独裁を行ったのはマクシミリアン・ロベスピエールら山岳派でした。この山岳派が国民公会で議場の左の席に座ったことから、左翼という言葉が生まれたのは有名なエピソードでしょう。

このロベスピエールらが愛読していたのがルソーの著作です。結果的に、山岳派の政治家たちは自らをルソーの後継者であると主張し、このことがフランス革命といえばルソーの思想的影響による、という理解を生み出しました。後で詳しく検討するように、ルソーの思想が非常にラディカルな主張を含ん

ジャン・ジャック・ルソー

でいたのはたしかですが、これが直ちにフランス革命を引き起こしたかは疑問です。革命で主導権を握った急進派が、新たな共和国の体制原理を求めるなかでルソーに頼ったというのが実際に近いでしょう。その意味では、ルソーは政治的に利用されたといえるかもしれません。

フランス革命の原因

フランス革命というと思い出される風刺画があります。そこでは貧しい農民が、太った聖職者と貴族を背負わされて喘いでいます。この絵をみれば、フランス革命とは、特権階級が民衆を搾取し、抑圧した結果起きた事件であると思って当然です。

もちろん、その理解が完全に間違っているというわけではありません。すでに触れたように、フランスでは貴族や聖職者、富裕なブルジョワ層が特権をもち、王権がより課税しやすい農民層などから搾取したことはたしかです。このことが貴族などの特権層に対する不満を高める一方、貴族や地主が結集し、議会を拠点に王権に対抗することを阻害しました。彼らはむしろ、王権に依存することで、特権階級の暮らしを続けたのです。

しかしながらその一方、トクヴィルが『旧体制と革命』（一八五六年）で指摘したように、ヨーロッパのより東の地域と比べ、フランスの農民の解放が進んでいたことも事実です。彼らは農奴の地位から早くに脱し、この時期には事実上の所有権に近いものまでをもつに至っていました。その意味では、隷属した農民たちが悲惨な状態に反発して立ち上がったというよりは、すでに隷属した地位を脱していた農民が、そうであるがゆえに、同じ人間でありながら特権を享受する層に不満を募らせたといえるでしょう。

完全に隷属した人々は、自らの隷属に不満を感じることすらありません。むしろ、自分もまた一人の人間であることを自覚した人々が、それゆえに残された不平等に不満をもつのです。トクヴィルはこのことを、アメリカでの経験も踏まえて平等化の趨勢として理解しました。トクヴィルは、平等化の趨勢が、フランスにおいては適切な政治的枠組みを与えられなかったがゆえに、革命として暴発したと考えました。

アンシャン・レジーム（フランス絶対王政期の古い体制）を批判した風刺画。

実際、フランス革命を最初に引き起こしたのは都市の群衆でした。しかしながら、この革命がより大きなものへと拡大したのは、農民層がこれに加わったことによります。結果として、職人など、サン＝キュロットと呼ばれた都市の貧困層と農民の運動が結びつき、貴族制と封建制の廃止へと向かう急進的な革命を実現したのです。ジャコバン独裁もまた、このようなサン＝キュロット層の後押しと支持によって可能になりました。

ジャコバン独裁はやがて恐怖政治に至ります。山岳派と対立した人々、さらには山岳派の内部においても権力闘争に敗れた人々が、次々にギロチンにかけられました。最終的に、この恐怖政治に終止符を打ったのは、山岳派の指導者であったロベスピエール自身の処刑でした（テルミドールの反動）。以来、フランス革命というと恐怖政治のイメージがつきまとうことになります。

その一方で、これまで述べたように、フランス革命が地主貴族層を破壊し、その特権を否定したことは間違いありません。その上に、近代的な私的所有権の制度が打ち立てられることになりました。これを実現した皇帝ナポレオンは、元々は山岳派と近い政治的立場から出発しています。ジャコバン独裁以降の政治的不安から皇帝にのし上がったナポレオンですが、彼は同時に革命の子でもありました。

安定した政治体制を確立することに失敗したフランス革命ですが、そこにある「人間の平等」という理念は、その後の民主主義の発展のために大きな基礎を準備したといえるでしょう。

時代錯誤の思想家ルソー？

ここでルソーの政治思想について、みておきたいと思います。民主主義の歴史を再検討する本書にとって、ルソーはきわめて重要な思想家の一人です。しかしながら、そのことは、ルソーが非常に進歩的で、先進的な思考の持ち主であったことを必ずしも意味しません。見方によれば、ルソーは非常に古くさい思想家ともいえます。

例えばルソーは、幼少時より、『プルタルコス英雄伝』がお気に入りの本でした。古代ギリシアのソロンやペリクレス、あるいはスパルタの立法者とされるリュクルゴスが取り上げられる一方、古代ローマの伝説上の建国者からカエサルまでが対比的に論じられる、いわば偉人・英雄たちの物語です。この本を読んだ少年ルソーは、古の政治に対する熱い思いを膨らませたことでしょう。

ルソーにとっての古代のイメージは、貧しくても気概をもった市民が、自らの自由を守るために祖国を守るというものでした。そのようなルソーにとって、同時代のヨーロッパの「文明」なるものは、奢侈《しゃし》と虚栄に満ちたものにみえて仕方がありませんでした。人々は優雅を競いますが、それは仮面の上だけで、一枚めくれば醜い利己心しかありません。重要なのは、表面的に才能を誇示することではなく、誠実で堅実な徳を自らのうちに養うことだとルソーは考えました。

そのようなルソーの目に、政治や経済を論じる同時代の多くの議論は、単なる現状肯定にしか映りませんでした。例えば、多くの論者は、私的所有権は絶対であり、不平等があるのはやむをえないと主張しました。これに対しルソーは、『人間不平等起源論』において、「ある土地に囲いをして「これはおれのものだ」と宣言することを思いつき、それをそのまま信ずるほどおめでたい人々を見つけた最初の者が、政治社会［国家］の真の創立者であった」（本田喜代治・平岡昇訳、岩波文庫、八五頁）と批判します。ルソーは私的所有権制度こそが、富めるものと貧しいものの不平等の拡大の原因だと考えます。さらにはこのような所有権による秩序を維持するために、政治社会［国家］が打ち立てられたと論じました。

このようなルソーの批判は、今日の目からすれば、あまりに素朴で、ナイーブなものにみえるかもしれません。ルソーの同時代においても、同様の批判がありました。しかしながら、ルソーにとって大切だったのは、現状をそのまま認めるのではなく、なぜそのようになってしまったのか、そして、それが本当に人間にとって自然なのかを再検討することでした。自然状態を想定して、そこから現状を批判することは、ルソーにとっての大きな理論的武器でした。

ルソーは『社会契約論』の第一章で次のようにいいます。「人間は自由なものとして生まれた、しかもいたるところで鎖につながれている」(桑原武夫・前川貞次郎訳、岩波文庫、一五頁)。これはいわば、ルソーにとっての宣戦布告でした。本来人間が平等なものであるとすれば、現状において存在する不平等は不当なものである。自然状態の人間は、自己保存の本能と他者への憐れみをもちつつ、相互に孤立して生きていた。それなのに、現在、人々を隷属させる政治制度や経済制度があるとすれば、問題なのは制度の方である。いまこそ真にあるべき制度をつくり出すべきだとルソーは論じたのです。

ルソーはさらに、当時、影響力をもっていた支配服従契約の議論を批判します。彼にとって、「臣民は主権者に従う契約を結んだのだから、服従しなければならない」という議論は、我慢のならないものでした。まして、人々はあえて隷従したのだという奴隷契約論など、論外でした。これらの議論に代わり、相互に自由で平等な個人による社会契約によって国家を打ち立てることを、ルソーは主張しました。

ルソーの発想は素朴でナイーブだったかもしれません。文明社会論やアダム・スミスの経済学が発展した時代にあって、あまりに時代錯誤であったかもしれません。しかし、そのことが、彼の議論を結果的にきわめてラディカルなものにしたのです。政治論は、彼の議論のラディカルさが、もっとも先鋭的に表れた部分の一つでした。

『社会契約論』

それでは社会契約とは何でしょうか。ルソーは「各人が、すべての人々と結びつきながら、しかも自分自身にしか服従せず、以前と同じように自由であること」（『社会契約論』、二九頁）が課題であるといいます。個人が他者とともにいながら、しかし一人でいるときと同様に自由であることは可能でしょうか。他者と一緒ならば自由は制限されるし、自由でいたいなら一人でいるしかない、というのが常識的な考え方のはずです。これに対しルソーは、自由でいることと、他者とともにあることを両立できるというのです。

ルソーは、これを可能にする形式こそが社会契約だといいます。その定義は次の通りです。「各構成員をそのすべての権利とともに、共同体の全体にたいして、全面的に譲渡《じょうと》することである。その理由は、第一に、各人は自分をすっかり与えるのだから、すべての人にとって条件は等しい。また、すべての人にとって条件が等しい以上、誰も他人の条件を重くすることに関心をもたないからである」（前掲、三〇頁）。ルソーは、さらに言い換えます。「われわれの各々は、身体とすべての力を共同のものとして一般意志の最高の指導の下におく。そしてわれわれは各構成員を、全体の不可分の一部として、ひとまとめとして受けとるのだ」（前掲、三一頁）。

これは実に謎めいた言葉です。自分を、そのすべての権利とともに共同体に譲渡するとはどういうことでしょうか。そして「一般意志」なるものに従うとは、何を意味しているのでしょうか。『社会契約論』が刊行されたのは一七六二年ですが、それから二五〇年以上たった今日でも、論争が絶えません。

ここで立ち入った解釈をする余裕はありませんが、少なくとも、以下の点を確認しておくべきでしょう。

第一に、社会契約以前に国家はありません。契約するすべての個人が、その力と権利を合わせることで初めて国家をつくり出すのです。

第二に、重要なのは、すべての個人が他の個人と平等な条件にあることです。条件はすべての人に等しいのだから、えこひいきはありえません。条件が厳しいものであれば、全員にとって等しく厳しくなるだけの話です。このような相互的な平等こそが社会契約の鍵であると、ルソーはいいます。

しかし、それでも残る謎は「一般意志」です。ちなみに、ルソーは「一般意志」を「全体意志」と区別しています。個人には誰しも特殊な意志がありますが、そのような特殊意志を足し合わせても「全体意志」にしかなりません。自分の利益しか考えない個人の意志をいくら集めても、社会全体の公共の利益を目指す意志にはならないからです。

むしろ大切なのは、一人ひとりが、社会全体の公共の利益を考えることです。自分自身の利益をいったん離れ、社会を構成する平等な一員として、自分を含む社会全体の利益を考えてみることが重要です。ルソーによれば、そうしてはじめて人間は市民の立場でものを考えることになります。その意味で社会契約とは、一人の人間としての個人が、集合的な主権者の一員としての自分と契約をすることにほかなりません。

人はこのような「一般意志」の視点に立つことではじめて、仲間である他者とともにありながら、自由でいることが可能になるとルソーはいいます。すべての個人が平等な条件で立法に参画し、すべての個人が平等な条件でその結論に従うならば、それは自分自身の意志に一致していることになります。つまり、自分たちの共同の意志に従うことは、自分の意志に従っていることに等しいというわけです。

ルソーが残した謎

とはいえ、それでもなお「一般意志」とは、どうすれば明らかになるのかは自明ではありません。『社会契約論』を読んでみても、この点について、具体的に踏み込んだ言及はありません。一般意志とはどこにあるのか、この点をめぐって争いが起きることは必至でした。例えば、ジャコバン独裁において、山岳派は自分たちこそが社会の一般意志を体現していると主張して、自分たちに反対する勢力を反革命と非難しました。

さらにルソーは、仮に一般意志と自分の意志が食い違った場合、一般意志を強制されることで個人は自由になるとします。しかし、これは悪質な同調化圧力にほかならず、このような論理こそが全体主義につながったという解釈さえあります。このような解釈によれば、ルソーとは「全体主義の祖」にほかなりません。結局のところ、ルソーの議論をいかに具体的な制度として考えるかは、以後の歴史に委ねられることになったのです。

またルソーには、「イギリスの人民は自由だと思っているが、それは大まちがいだ。彼らが自由なのは、議員を選挙する間だけのことで、議員が選ばれるやいなや、イギリス人民はドレイとなり、無に帰してしまう」（『社会契約論』一三三頁）という有名な代議制批判があります。そうだとすれば、人々が自由であるためには、選挙以上の何が必要なのか。民主主義について、「一般意志」という大きなヒントを与えてくれたルソーは、それ以上に謎を残したともいえそうです。

いずれにせよ、フランス革命を機にルソーの議論は注目を集めます。革命の影響が他国に広がるとともに、ルソーの影響もまた、反発を含め、増していきました。このような状況において、あらためて自由と民主主義の関係が議論されていくことになったのです。

第三章　自由主義との「結合」

1　民主主義と自由主義

議会制中心の民主主義

前章で検討したように、近代における民主主義は議会制を中心に発展しました。選挙や議会制そのものは独自の歴史的起源をもつ制度であり、直ちに民主主義と結びつくわけではありません。しかしながら、とくに一八世紀終わりのアメリカとフランスにおける二つの革命の結果、議会制中心の民主主義の動きが加速します。

英国からのアメリカ独立は、同時に政治体制における君主制から共和制（君主のいない政治体制）への移行を意味しました。その意味で、アメリカ独立は革命でもあったのです（「アメリカ独立革命」ともいいます）。その主役となったのは、邦議会、大陸会議、憲法制定会議、連邦議会などの議会でした。フランスにおいても三部会に始まり、国民議会、立法議会、国民公会と変化しましたが、議会はつねに政治状況の中心であり続けました。

ルソーの議論も、このような議会制中心、あるいは立法権中心の民主主義を後押しします。ルソーの人民主権論のポイントは、人民が主権者として一般意志に基づいて法をつくり、同じ人民がこれに従うということにありました。絶対王権の下では、王や特定の権力者の恣意的な意志によって法がつくられましたが、これからは人民の一般意志によって法がつくられる、というわけです。重要なのは一般性です。法は一般意志に基づいてつくられる必要がありますし、法が規定する対象も一般的なものでなければなりません。個別的な対象については、一般意志はありえないからです。個別的な対象を取り扱うのは立法権ではなく、執行権の役割とされました。

この時期、改革者たちはいずれも法こそが鍵であると考えました。イタリアの法学者チェーザレ・ベッカリーアによる刑法改革をはじめ、多くの法律家や哲学者が、合理的な法律による社会改革を目指しました。イギリスでは、功利主義思想の父であるジェレミー・ベンサムが、急進的な法制度改革を主張します。ベンサムはさまざまな改革案を考えましたが、とくに有名なのは、監獄の中心に監視塔を建て、それを囲むように独房を配置することで合理的に囚人を管理するパノプティコンの構想でしょう。良い法律に基づき良い制度をつくれば、社会を自動的に、完全にコントロールすることができる。このような信念が、熱気をもって語られたのです。

民主主義もまた、このような時代の空気を吸収し、独自の展開を示しました。ルソーの影響もあり、すべての人民が立法者となり、一般意志に基づいた法をつくることが人民主権であるという考えが広まったのです。議会制中心の民主主義が、このような時代の精神を背景に具体化していったのが、一九世紀という時代です。

普通選挙への道

結果として、議論の焦点は、議会をいかに民主的なものにするかに向かいます。

フランス革命期の一七九二年、国民公会を召集するための選挙で、はじめて男子普通選挙が実施されました。しかしながら、一七九五年には早くも廃止されてしまい、制限選挙制になっています。

実をいうと、『第三身分とは何か』を執筆したシェイエス（シーエス）自身が、能動的市民と受動的市民を区別する議論を展開しています。この区別によれば、選挙権をもつのは能動的市民に限られます。九一年の憲法では、この区別が採用されました。能動的市民と受動的市民を区別するのは、政治に関する知識や関心、自律的な判断力の有無ですが、実質的には納税額による区分であり、フランス革命を推進した貧しい都市民や農民がそこから排除されました。すべての市民が積極的に政治に参加する必要はない、ある意味で政治的な分業であり、知識や関心をもつ市民だけが投票すればいいとする発想の影響は、その後も長く続きます（このような発想は、現代でもみられるのではないでしょうか？）。

さらに女性も参政権から排除されました。女性は夫に従属した存在であり、自律的判断力をもたないとされたのです。これに対し、フランス革命後、フェミニズム運動の先駆者の一人とされるオランプ・ド・グージュは、『人権宣言』（正確には『人間と市民の権利の宣言』）に女性の権利が含まれていないとして抗議運動を行い、『女性と女性市民の権利の宣言』を執筆しています。また、後で触れる英国の思想家ジョン＝スチュアート・ミルは、妻であったハリエット・テイラーの影響もあり、『女性の隷属』（一八六九年、邦訳タイトルは『女性の解放』）を執筆し、女性参政権を主張しました。

それにもかかわらず、いくつかの先駆的な例外を除き、多くの国々で女性参政権が実現するには二〇世紀を待たなければなりませんでした。第一次、第二次世界大戦という総力戦において、女性もまた工場労働などに動員されました。これをきっかけに、第二次大戦後に参政権が実現したことについては、すでに触れたとおりです。

女性参政権の話で先を急ぎすぎましたが、いま一度、議論を一九世紀に戻しましょう。一九世紀を通して、普通選挙への歩みは少しずつ進んでいきます。これを加速したのは、産業革命が進むなか、力を増した新たな労働者階級による参政権獲得への運動でした。英国のチャーチスト運動が有名ですが、一八三二年の第一次選挙法改正で腐敗選挙区（人口減にもかかわらず、従来通りの議席が割り振られた選挙区）が廃止され、新興都市に議席が与えられます。同時に、中産階級にまで選挙権が拡大しました。さらに一八六七年の第二次選挙法改正で都市の労働者、第三次選挙法改正で農村労働者にまで参政権が拡大しました。男子普通選挙が実現したのは第四次選挙法改正、さらに男女の完全な普通選挙が実現したのは一九二八年の第五次選挙法改正でした。第一次選挙法改正からほぼ一世紀を要したことになります。

代表機能の向上

もう一つの議論の中心は、代表機能の向上でした。どうすれば、議会は社会を代表しているといえるでしょうか。そもそも、社会を代表しているとはどういうことなのでしょうか。関心が集まったのは政党です。

政党とは英語で political party といいます。part ですから、もともとは「部分」を意味しました。社会全体の利益ではなく、部分利益を実現しようとする集団ということで、文字通りに訳せば、党派や分派ということになります。当然、いい意味ではありませんでした。

思い起こせば、古代ギリシアの民主主義において、何よりも忌避されたのはスタシスと呼ばれた党派の存在でした。実際、アテナイを含め、多くの都市国家は、その内部における党派対立に悩まされました。市民が直接政治に参加し、その一体性こそがポリスの原動力になっただけに、党派対立は致命傷になる危険性がありました。ペリクレスら指導者も、いかにして党派対立の弊害を取り除くかに腐心しています。

その意味では、古代の民主主義と近代の民主主義を隔てるポイントの一つは、政党の承認にあります。党派を嫌った古代の民主主義に対し、近代の民主主義はむしろ、その本質の一つとして政党を受け入れたのです。しかしながら、党派と政党とは、それほど違うものなのでしょうか。

デイヴィッド・ヒューム

もちろん、政党を承認するまでの道のりは、けっして平坦なものではありませんでした。例えば、英国の哲学者デイヴィッド・ヒュームの論文に「党派論」があります。ヒュームもまた党派の弊害を認めるのですが、自由な政治体制の下では、その発生を食い止めることはできないといいます。その上でヒュームは、党派にも種類があると指摘します。利害に基づくもの、原理に基づくもの、愛着に基づくものです。興味深いことに、ヒュームはこのうち、利害に基づく党派がもっとも害がないと結論づけました。例えば宗教戦争のように、絶対的

エドマンド・バーク

な原理に基づく党派には妥協が困難であり、凄惨《せいさん》な結果を招きがちです。愛着に基づくもの、すなわち人の好き嫌いや人脈による党派も、いったんできあがってしまうと激烈を極めます。これに対し、利害による党派ならむしろ妥協が可能だというのです。

　さらに、すでに指摘した『ザ・フェデラリスト』の第一〇篇において、小国は派閥の弊害を免れないものの、大国、とくに連邦制を採用する大国では、派閥の弊害が軽減されるという議論が展開されました。国が広くなると、なかなか一枚岩になりません。それぞれの地域ごとに有力な派閥があって、全国レベルでは互いを牽制し合うので、全体として均《なら》してみれば、極端な派閥の弊害は出にくいというわけです。後の多元主義につながる議論であり、派閥の悪を、他の派閥によって抑制するという発想の転換がみられます。

　これらの議論を受けて、本格的な政党論を展開したのが、英国の政治家エドマンド・バークでした。彼は、政党とは単なる党派ではなく、政治的意見を同じくする政治家が、政権の獲得を目指して結集したものであると主張しました。バークはそのフランス革命批判ゆえに、後に保守主義の始祖とされることが多いのですが、彼自身は保守党ではなく、後に自由党となるホイッグ党の闘士でした。バークは、政党を単なる政治的有力者のネットワークではなく、あくまでその政治的意見によって結びついた集団へと転換させようとしたのです。

このようにして近代の民主主義では、社会に存在する多様な意見や利害を、政党によって議会で代表させることが期待されました。政党は社会と議会を結びつける重要な媒介として、その存在が正当化されたのです。もちろん、現実の政党が、本当にそのような機能をはたしているかは、あらためて問われなければなりません。とはいえ、このような流れの上に、一九世紀以降、労働者政党など、特定の社会階級を議会において代表する階級政党が主張されるようになりました。

ルソーの統治機構論

このように議会制を中心に民主主義が議論された結果、実をいうと死角になったのが、執行権です。執行権とは、文字通り、立法権が定めた法律などを個別の対象に執行する権力を指します。ただし、現実には国王の大権のうち、立法権と司法権が独立し、その残余を広く指す場合が多く、その意味では曖昧な部分があります。そのこともあって、立法権と比べても、実は十分に注目されることがありませんでした。

フランスの政治学者ピエール・ロザンヴァロンは、この問題を『良き統治』で指摘します。ここまでも検討したように、一八世紀末の米仏二つの革命において、多くの人々が注目したのは議会でした。議会こそが、良きにつけ悪しきにつけ、民主主義の中核にあると考えられたからです。しかしながら、その後の歴史をみればわかるように、人々の生活により大きな影響をもつようになったのは、むしろ執行権（行政権）ではないか。ロザンヴァロンはそう問題提起します。

実際、その後の歴史において、執行権の力は拡大する一方であり、二〇世紀においては、国家が幅広く社会の諸問題に取り組む行政国家化が加速します。ロザンヴァロンは、今日、「民主主義の大統領化」さえが進んでいると主張します。アメリカを例にとっても、政治のイニシアティブを握っているのは大統領であって、議会でないことは明らかでしょう。この傾向は多かれ少なかれ、他の国々（大統領制でない国を含め）にもみられます。そうだとすれば、民主主義の課題は、このような執行権の強大化を、社会がいかに統制するかにあるはずです。それなのに、これまでの民主主義論は代表制の問題に関心を集中させたあまり、執行権の問題、さらには統治のあり方そのものへの検討が不十分だったのではないかと、ロザンヴァロンは主張するのです。

振り返れば、そのような問題はルソーにおいて、すでに胚胎《はいたい》していたといえるでしょう。ルソーの『社会契約論』は、実は複雑な構成になっています。よく読まれているのはもっぱら前半の第一編と第二編です。後半の第三編と第四編は、最後にある市民宗教を論じている箇所を除いて、ほとんど注目が集まることがありませんでした。ルソーは厳密に主権と政府を区別しています。主権者である人民は一般意志に基づいて法をつくりますが、それを個別の対象に執行するのは政府の役割です。法をつくる人間が、自らそれを執行することは、権力の濫用《らんよう》を招きがちだからです。

ルソーは第三編でこの政府の諸形態を具体的に論じているのですが、意外なことに、ルソーは民主政を必ずしも優れた政府形態ではないとしています。民主政は小国にしか向いていないと指摘した上で、完全な民主政は「神々からなる人民」にしか可能でないとまで断言しているのです。結局のところ、主権者である人民がそのまま政府を構成することは不可能だし、望ましくもないというのがルソーの判断でした。政府の形態としては、ルソーは貴族政（少数の優れた人々の統治）が良いとしています。

これは私たちのルソーのイメージからするとやや意外なのですが、ルソーの場合、やはり関心の中心は人民主権論にあり、立法権にあったからといえるでしょう。人民が一般意志に基づいて立法を行うことが大切であり、執行権の問題はそれと比べると、どうしても従属的で、派生的な意味合いしかもたなかったのです。あるいはルソーはより積極的に、執行権は少数の人々に委ねた方がいいと主張したといえます。政府のあり方について、ルソーなりによく研究し、踏み込んだ検討を行った上での結論ですが、その部分はあまり影響をもつことがありませんでした。

繰り返しになりますが、ルソーにとって重要なのは主権の所在であり、誰が立法を行うかにありました。これを人民自らが行うというのがルソーの人民主権論の根幹であり、肝心の立法を代議士に委ねて安閑としている人民を、ルソーは激しく批判したのです。もちろん、ルソーをよく読んでみても、いかにして大国において人民集会が可能かについて、明確な説明はありません。とはいえ、人々が自ら公共の利益を考えることなく、すべてを自分たちの「代表」に委ねて当然としていることにルソーは我慢がなりませんでした。彼の代議制批判は、今日なお考えるべきテーマではないでしょうか。

バンジャマン・コンスタンのルソー批判

このようなルソーの人民主権論に対し、フランス革命の時代において鋭い批判を加えた人物がいます。それがバンジャマン・コンスタンです。コンスタンは政治家として活躍し、多くの政治的著作を残していますが、同時に『アドルフ』のような恋愛小説を書いたことでも知られています。実際、恋多き人物として知られています。

それはともかく、コンスタンのルソー批判はストレートです。コンスタンにいわせれば、ルソーは「自由の心情をもっていたが、そのための論理をもっていなかった」ことになります。ルソーは主権の所在に注目し、人民全体が主権者となることを、何よりも重視しました。しかしながら、仮に人民が主権者となるからといって、その下での統治が必ず良いものになるとは限りません。問題は、誰が主権者になるかではなく、誰が主権者であるにせよ、その主権の範囲ではないか。それが、コンスタンの主張でした。

コンスタンにとって大切なのは、あくまで個人の自由でした。そして主権の力が強大になり、その及ぶ範囲が拡大すれば、どうしても個人の自由や権利が侵害されることになります。そうだとすれば、主権の担い手ばかりを論じているのではなく、主権の力に外から枠をはめることが重要ではないか、さらにいえば、民主主義の下でも、個人の自由は侵害されることを警戒すべきではないか。多数者の決定によって、少数者の権利がいかに容易に侵害されるかを知っている現代人の私たちとしては、コンスタンのルソー批判に説得力を感じざるをえません。

バンジャマン・コンスタン

さらにコンスタンは、「古代人の自由」と「近代人の自由」はそもそも違うのだという議論を展開しています（「古代人の自由と近代人の自由」一八一九年の講演）。古代ギリシアの市民にとっては、たしかに民会において発言したり、公職を担ったりすることは名誉であり、喜びであったでしょう。しかしながら、近代人にとって、政治参加はそれほど魅力のあるものではありません。奴隷のいない近代社会において、人々は自ら労働し、生産にあたる必要があります。そのような近代人にとって、自由とは何より、自分の私的な生活を平穏に享受できることでした。そうだとすれば、古代の都市国家に憧れ、すべての市民が公共の利益を考えることを求めるルソーは、単なる時代錯誤ということになります。このことを指して、コンスタンは、ルソーは「自由の心情をもっていたが、そのための論理をもっていなかった」と批判したのです。

はたしてルソーが正しかったのか、あるいはコンスタンの批判の方に理があるのか。論争は現代まで続いています。とはいえ、ここに明らかになったのは、民主主義と自由主義はつねに矛盾なく両立するとは限らないということです。コンスタンのいうように、民主主義の下でも個人の自由が侵害されるとすれば、個人の自由は民主主義に対しても守られなければなりません。このように考える人々が、自由主義者と呼ばれるようになります。

もちろん、自由主義者については、より広く定義することも可能です。例えば、個人の自由や権利を尊重する人一般を、自由主義者と呼ぶことができるでしょう。とはいえ、そのようなことをいえば、自由を原理的に否定する人の方が例外的であり、すべての人が多かれ少なかれ自由主義者になってしまいます。むしろ自由主義者とは、自由を何よりも優先されるべき価値と考え、仮に民主主義の下で個人の自由が侵害されるとすれば、そのような民主主義は抑制されるべきだと考える人を指すのではないでしょうか。民主主義との緊張関係を前提に自由を考える人々が、狭義における自由主義者なのです。

ここに、民主主義と自由主義は矛盾する可能性がある、あるいは少なくとも両者の間には、一定の緊張関係があることが明らかになったわけです。民主主義論は新たなステージを迎えることになりました。

2 トクヴィルの「デモクラシー」

民主主義の再浮上

トクヴィルについては、すでに触れました。一九世紀フランスの貴族であり、ジャクソン大統領時代のアメリカを訪問します。帰国後に『アメリカのデモクラシー』を執筆し、この本がその後、アメリカ論としてのみならず、民主主義を考える上でも不可欠の一冊となりました。

青年貴族であり、法曹の道に進もうとしていたトクヴィルの公式の訪問目的は、刑務所の視察でした（この時期、前節で触れたベンサムをはじめ、刑務所改革が関心を集めていました。トクヴィルもその流行にのったのでしょう）。しかしながら、トクヴィルには隠された真のテーマがありました。はたして貴族抜きに、民主的な共和国の維持は可能かという問いです。

当時の常識として、共和国は小国にしか向いておらず、大国では君主制の方がふさわしいと考えられていました。はたしてアメリカのように広大な領土を抱える国で、共和国は可能なのか。さらに、貴族制がもち込まれることのなかったアメリカで、中産階級による共和国はありうるのか。貴族のなかでも、とくに保守的な家庭に育ったトクヴィルにとって、革命後も混乱を続けるフランスの将来を占う意味でも重要な問題でした。

結果として、トクヴィルがアメリカにおける「デモクラシー」を発見したことについても、すでに触れたとおりです。東部ニューイングランドのタウンシップの視察などを通じて、トクヴィルは名もなき一般の人々の政治的見識の高さに感銘を受けます。彼がみつけたヒントは、自治や結社の活動にありました。ここでは人々が自分たちの地域の課題を、自分たちの力で解決していて、その経験こそが、人々の政治的意識を高め、そのエネルギーを引き出すことにつながっている。このような思いこそが、彼に「デモクラシー」への関心を与えたのでした。
結果として、トクヴィルは著作のタイトルに『アメリカのデモクラシー』を選びました(『アメリカの共和国』ではなく)。この本を読めば、トクヴィルが「デモクラシー」を無条件に賛美していないことは明らかです。むしろ、多くの批判をもっていたことについては、後ほど詳しく検討します。それでもなお、「デモクラシー」に向けての進展は人類にとって不可逆のものであり、むしろ神の「摂理」といえるというのが、トクヴィルの結論でした。
この本を一つのきっかけとして、古代ギリシア以降、長きにわたって否定的に語られてきた民主主義は、再び積極的な意味をもつ言葉として浮上します。『ザ・フェデラリスト』にせよ、『社会契約論』にせよ、民主主義という言葉は、積極的な意味合いでは用いられていませんでした。民主主義の用法がここに大きく変わったのです。

政治制度としての「デモクラシー」

ただし、トクヴィルがどのような意味で「デモクラシー」という言葉を使っているかは要注意です。これまで本書で民主主義という場合、基本的には政治体制を指す言葉として理解してきました。しかしながら、トクヴィルは「デモクラシー」という言葉を、はるかに多様な意味で使っています（したがって、本書ではトクヴィルの用法を指す場合にのみ、「デモクラシー」と表記します）。このことは、私たちの民主主義理解を深め、その幅を広げましたが、同時に議論の混乱を招いたことも否めません。

トクヴィルの「デモクラシー」の第一の意味は、もちろん政治体制としての民主主義です。トクヴィルの『アメリカのデモクラシー』の第一巻は、アメリカの政治制度の紹介にあてられています。その特徴は、連邦政府の話をする前に州の話をし、州の話をする前にカウンティ（郡）や、さらにその下にあるタウンシップと呼ばれる基礎的な自治体の話をする点にあります。すなわち、トクヴィルにとって、アメリカの政治制度の特徴は何よりもまず、連邦より州が先行し、さらに州よりも個別のコミュニティが先行している点に見出されるのです。

これはアメリカの歴史的事情によるともいえますが、トクヴィルの基本的な民主主義観に基づくところも大きいと思われます。トクヴィルにとって、民主主義という場合、全国や州のレベルで統治を行う代議制のシステムよりも、まずはコミュニティレベルでの自治の活動が念頭に置かれているのです。実をいえば、トクヴィルの『アメリカのデモクラシー』には、代議制の話があまり出てきません。ここまでみてきたように、近代の民主主義は議会制中心のものであり、したがって民主主義といえば何よりもまず代議制民主主義であるという流れからすると、トクヴィルの民主主義論はだいぶ毛色が異なるのです。

　トクヴィルが最初に強調するのは「人民主権」の話です。この場合も、トクヴィルは抽象的に主権を論じることはありません。ただ、「各人は主権者の等しい一部を構成し、国家の統治に平等に参加する」と指摘するにとどめます（『アメリカのデモクラシー』松本礼二訳、第一巻（上）岩波文庫、一〇三頁）。トクヴィルにいわせれば、「人民主権」は遠いイングランドの地から、自治の習慣としてアメリカに持ち込まれました。これが独立前はタウンシップのなかに潜在していましたが、独立後になってタウンシップからカウンティへ、カウンティから州へ、さらに州から連邦政府へと拡大し、やがてアメリカの政治体制そのものの原理になったといいます。

　その意味で、民主主義の本質は、人々が自ら統治を行っていることにあるとトクヴィルはいいます。多くの国々で、為政者は人民の名において統治を行うでしょう。そして人民自らが統治を行っている外観をつくり出すでしょう。しかしながら、アメリカでは本当に、普通の人々が自ら統治を行っている。この点にトクヴィルの感動があったのです。ルソーとは違った意味において、トクヴィルもまた古代ギリシアの都市国家の実践に立ち返って、現実の政治を考え直そうとしました。過去のものだと思っていた民主主義が、現実に存在し、機能している。この驚きこそがトクヴィルの議論の中核にあったのです。

その意味では、政治体制としての民主主義とは、一般の市民によるコミュニティの自治がまず基層にあり、その上に地域の統治、さらにより広域における統治が広がるものです。その原則は、まずそれぞれの市民が自らにかかわる利害について判断し、それを超え、社会的に共有する諸利害については、平等な相互調整によって決定を行うことにあります。コミュニティは自らを超えた諸問題をより広域の政府に委ねますが、けっして上下関係に立つわけではありません。単に問題のサイズが違うだけです。

トクヴィルが連邦政府を評価するのは、自治という小国のメリットと、人口や経済力における大国のメリットを兼ね備えるからです。古代ギリシアの都市国家は民主主義を維持して小国にとどまりましたが、アメリカは基礎的な民主主義を維持しつつ、大国を実現しています。アメリカの連邦は、あくまで構成する州によって成り立つ一方、あたかも一つの共和国のように、一人ひとりの個人とかかわっています。これをトクヴィルは、近代政治学の傑作として評価しています。

トクヴィルはこのようなアメリカの政治のあり方を、単にアメリカだけのものとせず、広く多くの国々にとって可能な民主主義のモデルとみなしたのです。

歴史の趨勢としての「デモクラシー」

トクヴィルの「デモクラシー」の第二の意味は、歴史を通じた平等化への趨勢です。トクヴィルのみるところ、この趨勢は、過去七〇〇年のヨーロッパ史を通じて展開してきました。宗教改革にせよ、印刷術の発明にせよ、アメリカ大陸の「発見」にせよ、あるいは戦争や軍事技術の発展にせよ、結果的にみれば、古いヨーロッパの封建制を破壊することに寄与しました。もちろん、その当事者たちは、けっして自分が平等化を推進しているとは思っていませんでした。しかしながら、彼らはいずれも意図せざるうちに、平等化の歩みに一役買ってしまったのです。例えば、国王たちはいずれも貴族を骨抜きにし、その権力を奪うことに余念がありませんでした。その意図はもちろん、王権の強化にあり、いわば彼らの自己中心的な利益です。とはいえ、貴族制の空洞化と破壊を推し進めることで、結果として王たちは、平等化を推し進める原動力となりました。

封建社会において人々は、身分の壁によって隔てられていました。しかしながら、ヨーロッパの歴史を細かくみると、そこに例外的な存在もありました。例えば聖職者です。聖職者の地位は、万人に開かれていました。生まれが卑しくても、学問ができれば聖職者として高い地位に就くことは可能でした。一度高い地位に就いてしまえば、政治権力までもがそれに付随したのです。同様のことは法律家についてもいえます。王たちは自らの権力を拡大するために法律家を利用しますが、法律家のなかには王の側にあって国政を左右する人物もいました。このようにして、少しずつ、ヨーロッパの封建制に風穴が開いていったのです。

トクヴィルはこのようにして進んだ平等化の趨勢を指して「デモクラシー」と呼んでいます。「デモクラシー」は、自らを阻むものを押し倒すようにして、前に進みます。トクヴィルの筆致は、あたかも「デモクラシー」を擬人化し、一つの生き物のように描き出しました。

トクヴィルはもちろん、すべての人間が平等になり、いかなる不平等も格差も存在しなくなると予言したわけではありません。トクヴィルは、マルクスと同時代人でした。その目には、産業社会における新たな格差の拡大がはっきりと映っていたのです。さらにトクヴィルは、アメリカにおける「デモクラシー」を熱心に論じる一方で、同時にネイティブ・アメリカンや黒人奴隷の差別が存在することを見逃しませんでした。

仮に人々を隔てる絶対的な壁が破壊されたとしても、同じ人間であるはずの人々の間には、やはり多様な不平等が残り、それをめぐる争いが終わることはないだろう。そのようにトクヴィルは未来を展望します。にもかかわらず、歴史の趨勢として、人々を差別してきた制度や習慣が、やがて一つひとつ破壊されていくことをトクヴィルは確信していました。そのことを指して、トクヴィルは「デモクラシー」と呼んだのです。どれだけ紆余曲折があっても、絶えざる異議申し立てによって「デモクラシー」が進んでいくと彼は考えました。

生き方、考え方としての「デモクラシー」

第三は、人々の生き方、考え方としての「デモクラシー」です。トクヴィルは「デモクラシー」を単に政治制度としてみるだけでなく、政治とは直接かかわらない、人々の日常レベルでの習慣や思考法において見出します。トクヴィルによれば、むしろこのような生活様式としての「デモクラシー」の方が、長期的にみれば、より重大な影響を人間社会に与えるのです。

一例を挙げると、「デモクラシー」の社会において、人々は、すべてを自分自身で判断したいと思うようになります。かつて人々にとって、それぞれの家や職業による習慣や伝統が大きな意味をもちました。自分で考えるまでもなく、過去から蓄積された価値観や常識こそが、良きにつけ悪しきにつけ、日々の指針となったのです。ところが、伝統的な社会のつながりや束縛が希薄化するにつれ、そのような伝統的な思考の権威や拘束力が弱まっていきます。結果として人々は、否応なく、自分で考えるしかなくなります。

かつて周りには、その言葉が特別の重みをもつ人が必ずいました。家長や長老、高い身分をもつ人や、宗教的権威をもつ人など、誰もが一目置かざるをえない人物が存在したのです。これに対し、平等化の進んだ社会においては、そのような特別の人物は見当たらなくなります。誰もが自分と同じ人間にみえてくるのです。そうだとすれば、社会のなかの特定の人物の意見を、ことさらに尊重する意味はなくなります。

「デモクラシー」の社会に生きる人間は、歴史や伝統、権威や形式主義といったものを嫌います。人々はより直接的、効率的な思考や行動を好み、自分の頭で考えることを目指すのです。トクヴィルはこれを、基本的に良いことと考えます。人が自律的に思考しようとすることは、たしかに前向きに捉えるべきでしょう。

しかし、トクヴィルは、つねに物事の両面をみます。たしかに、人々に一定の思考や価値を強いるような権威は存在しなくなりました。しかし、そのことは、人々にとって思考の基準がなくなったことも意味します。とはいえ、思考の基準がないままに、すべてを自分で判断することは不可能ですから、結局、人々は新たな「権威」を求めるのではないでしょうか。トクヴィルは、それを「多数者の声」だと考えました。

一人ひとりの個人は、自分と同じ人間です。特別な個人はいません。が、そのことは逆にいえば、自分もまた特別な人間ではないことも意味します。そうだとすれば、社会の多数者の声に対して、どうして抵抗することができるでしょうか。「デモクラシー」の時代には、「多数者の声」が特別の権威をもつのです。場合によっては、多数者は少数者を抑圧し、個人を圧倒してしまうでしょう。これをトクヴィルは「多数の暴政」と呼びました。

もちろん人々が互いを自分の同等者とみなし、自分のことは自分で判断したいと思うことは重要です。その上で、自分ではできないことを他者と対等の立場で協力・解決していくことを、トクヴィルは民主主義の可能性として重視しました。しかしながら、もし人々が、互いに協力し合わなかったらどうなるでしょうか。伝統的なつながりはもはや希薄化しています。しがらみもなくなりましたが、逆にいえば、人は孤立に陥りやすいということです。トクヴィルはこれを「デモクラシー」の社会に固有な「個人主義」の傾向として分析しています。

この場合の「個人主義」とは利己主義と区別されます。他人のことをおいても自分の利益を考えてしまうのは、時代にかかわらず、人間につねにつきまとう性質です。しかしながら、「個人主義」はそれとは異なります。人々は伝統社会から遠ざかるにつれ、他者との結びつきが弱まっていきます。他者との関係をあらためて再構築しない限り、人々は孤独に陥りがちなのです。やがて多くの個人は、自分と自分の身の回りの狭い世界に閉じこもるでしょう。トクヴィルはこれを「個人主義」と呼びました。

人々には、自分の頭で考える自律的な思考の可能性と、「多数の暴政」に抑圧されてしまう危険性とがあります。独立した個人が対等の立場で他者と協力するかもしれませんが、一人ひとりが孤立してしまう「個人主義」もありえるのです。トクヴィルはつねにその両義性において、「デモクラシー」社会に生きる人々の生き方や考え方に注目しました。

トクヴィルはさらに、「デモクラシー」の社会において、人々の関心が、「いま・ここ」に集中しがちであることについても指摘しています。かつて人々にとって、家の伝統が重い意味をもった時代がありました。そのような時代において、人々は、自ずと長い時間軸で自分を捉えました。これに対し、家の伝統と切り離されるようになると、人々は自分の人生をより短期的に捉えるようになります。やがて、人々の関心は「いま・ここ」に集中するのです。これは社会全体についてもいえることで、「デモクラシー」の視野はどうしても短期的になります。過去の世代や将来の世代への想いが民主主義の政治においてなかなか反映されにくい点については、後ほどまた触れることにします。

自由な民主主義社会をつくるために

このように、トクヴィルは「デモクラシー」をいろいろな意味で用いています。「デモクラシー」の問題を単に政治制度としてだけ捉えるのではなく、歴史の流れや背後にある社会状態、そこでの人々の習慣や思考法とも関連づけて理解したことは、民主主義論の視野を大きく拡大することになりました。逆にその分、民主主義という言葉の意味を多義的にしてしまったことも間違いありません。その意味で、今日、民主主義という言葉を使うにあたっては、どのような意味で議論しているのか、明確にする必要があります。

さらに、トクヴィルの民主主義論の重要な特徴は、自由の問題と民主主義の問題を結びつけて考えたことです。本章でみてきたように、自由と民主主義がつねに両立するとは限りません。その意味で、両者の緊張関係を踏まえた上で、自由と民主主義の統合を図ることが重要な課題となります。

トクヴィル自身についていえば、彼は「デモクラシー」の進展を「摂理」として捉えました。「摂理」とは、もはやこれを避けることはできず、逆戻りさせることもかなわないという意味です。再度、身分制社会を復活させることは望ましくなく、そもそも不可能であるというのが、トクヴィルの立場でした。ただし、「デモクラシー」自体は不可避かつ不可逆だとしても、どのような「デモクラシー」を実現するかの選択は、人類の手になお残されているとトクヴィルは強調します。

一つは、すべての個人が等しく自由になる「デモクラシー」です。平等な個人が対等な立場で協力することで、自由な社会を打ち立てることをトクヴィルは願いました。逆に、人々が等しく隷属する「デモクラシー」もありえます。トクヴィルはすでに触れた「多数の暴政」に加え、民主主義の名の下に強大化した中央権力に人々が易々と依存し、従属してしまう「民主的専制」の危険性を指摘しています。

残された選択肢は二つだけです。人々が等しく自由になるか、等しく隷属するかしか道はないのです。そうだとすれば、いかにして人々が等しく自由でいられる民主的社会をつくり出すか、このことにトクヴィルは関心を集中させました。

すでに触れた自治と結社は、「デモクラシー」につきまとう危険性を乗り越えるために、トクヴィルが期待を寄せた仕組みです。自治については、ここまでかなり論じてきたので、結社に議論を絞ると、トクヴィルは、人と人とが結びつくのは技術だと考えています。「デモクラシー」に潜在する「個人主義」の趨勢により、人と人の結びつきは弱まり、個人は孤立に陥りがちです。これを避けるためには、日常生活において、人が他者と結びつき、他者とともに何ごとかを実現するための訓練の場が必要です。

その一例が結社であり、トクヴィルはアメリカにおいて、市民が地域の共通問題を解決するために集まり、目的に応じてお金を出し合い、事業を行っている様子に感銘を受けました。広大なアメリカでは、政府の力がなかなか及ばないこともあり、学校や病院を設立するにせよ、道路や橋を建設するにせよ、地域の人々が互いに協力して組織をつくります。その際の手法が結社であり、目的に応じて人々は自発的に組織をつくり、そのための資金を集めます。目的が実現されれば結社も解散します。現代でいえば、NGOやNPOがそれに近いでしょう。

トクヴィルはこのような結社の延長線上に政党の問題も考えました。ただし、基本は非政治的な、民事的な結社です。普段から他の市民と協力する習慣をもたない人にとって、政党のような政治に直結した結社は縁遠いものでしょう。そうだとすれば、人々はまず、日常的な目的のため、社会生活の改善のために結社をつくることから始めるべきでしょう。そのように人々と協力して何かをする訓練をして、はじめて政治的な目的の結社を使いこなすことができるはずです。逆にいえば、急に政治的な目的のための結社をつくるのは困難です。日頃から、日々の目的で組織をつくることに習熟してようやく、政治的な主張を行うための組織をつくったり、社会運動に参加することも可能になるのです。

自由な民主主義社会をつくるためには、日常的なレベルで人と協力する練習をしておいた方がいい。今日なお傾聴に値するトクヴィルの教えではないでしょうか。

3　ミルと代議制民主主義

青年ミルの苦悩

トクヴィルによって再び積極的な意味へと転じた民主主義ですが、近代の民主主義が議会制中心である以上、代議制民主主義についての本格的な理論化が不可欠です。トクヴィルにおいては、議論の中心にあるのはコミュニティレベルでの民主的実践であり、連邦制と権力分立に基づく分権的な政治システムでした。代議制それ自体は、中心的な考察の対象にはなっていません。より本格的な代議制民主主義の理論を構築したのは、トクヴィルと親しく、盟友でもあったジョン＝スチュアート・ミルでした。

『アメリカのデモクラシー』の第一巻が刊行されたのは一八三五年のことです。この本の刊行直後にトクヴィルは英国を訪問し、そこで出会ったのがミルでした。二人はすぐに意気投合し、ミルは『アメリカのデモクラシー』の書評を執筆します。以後、ミルは自分の雑誌への寄稿をトクヴィルに依頼するなど、交流が続きました。二人の関係は後年、やや距離ができてしまったとはいえ（英仏関係の緊張も微妙に影響しました）、政治参加の意義や

「多数の暴政」への危惧など、多くの点で二人が関心を共有したことは間違いありません。

とはいえ、二人の生まれた環境はかなり違うものでした。貴族の家に生まれたトクヴィルがアメリカの地において「デモクラシー」を見出し、その可能性と危険性の考察に生涯を捧げたとすれば、ミルは父のジェイムズによって功利主義の若き論客として育てられ、後年も政治学のみならず、哲学や経済学など多くの分野で活躍しました。自由への愛を共有する二人ですが、その自由の捉え方にもそれぞれの特徴があります。ミルについては『自由論』が有名ですが、彼はさらに『代議制統治論』という重要な政治論を発表しています。これらについては後ほど触れるとして、もう少しミルの生涯を振り返ってみましょう。

ジョン＝スチュアート・ミル

ミルの出発点にあるのはベンサムの功利主義です。父ジェイムズはベンサムの友人であり、信奉者でした。ジェイムズは長男のミルを功利主義者として育て上げるべく、独特のエリート教育を施しました。ミルは幼少時からギリシア語やラテン語など古典語を学ぶ一方、アダム・スミスやリカードなどの古典経済学を習得します。やがてミルは、父の期待に応え、ベンサム派の論客の一人としてデビューすることになりました。ベンサムの功利主義は、快楽や苦痛が量的に測れることを前提に、個人の効用の総和を最大化する「最大多数の最大幸福」の実現を目指すものです。ミルもまたこの哲学に従い、政治や社会の改革に乗り出しました。

しかしながら、ミルは二〇歳のときに、「精神の危機」を経験します（『ミル自伝』）。「最大多数の最大幸福」の実現を目指す功利主義ですが、はたして功利主義の目指すような社会改革が実現したところで、自分自身は幸福になれるのか、ミルの心に懐疑心が芽生えたのです。そのような理想は父やベンサムに与えられたもので、その意味では、ミルは彼らの操り人形でした。人から与えられた目標に向けていくら努力しても、それが自分自身の幸福につながるとは限りません。優秀な「操り人形」だったミルは、ようやく自意識に目覚めましたが、そのことで目標を失い、うつ状態に陥ったのです。

最終的にミルは、ワーズワースの詩に感動し、美が人の精神にもたらす感動や共感の意義に目覚めます。同時にベンサムの批判を開始し、人間の幸福や快楽に質的な違いがあることを強調するようになりました。さらに、幸福それ自体を目的に努力しても幸福になれるとは限らず、むしろ幸福を目指さないときにこそ、結果として幸福が得られるとする立場に転向します。最後まで功利主義を放棄することはありませんでしたが、ミルは父やベンサムから精神的に自立したのです。

古典的な自由主義の完成

ミルの『自由論』（一八五九年）は、このような精神的苦闘の産物でした。ミルは次のようにいいます。「自由の名に値する唯一の自由とは、他人の幸福を奪ったり幸福を得ようとする他人の努力を妨害したりしない限り、自分自身のやり方で自分自身の幸福を追求する自由である」（『自由論』関口正司訳、岩波文庫、三四頁）。これはまさにミルの実感だったのではないでしょうか。

自由とは、「自分自身のやり方で自分自身の幸福を追求する」ことです。幸福の中身は自分自身で決めるものであり、他人に決めてもらうものではありません。何が幸福かはその人次第であり、それゆえに多様です。他人があれこれいっても、結局のところ、自分のことを一番わかっているのは自分です。ここには、それぞれの個人にとっての幸福は、各自が自由に決定すべきであり、かつその方が社会全体としても望ましいとするミルの信念がうかがえます。このような自由と幸福の結びつきこそが、ミルの自由論の根幹にあります。

それでは、各自の幸福追求に限界はないのでしょうか。先の引用にもあるように、各個人の自由は、他人を妨害しない限りにおいて認められます。逆にいえば、他人に危害を加える場合、その個人の自由は権力によって抑制されるのです。「文明社会のどの成員に対してであれ、本人の意向に反して権力を行使しても正当でありうるのは、他の人々への危害を防止するという目的の場合だけである」（前掲、二七頁）。これが有名なミルの危害原理です。

これは実にシンプルな原則にみえますが、ポイントは他人に危害を加えてはならないと強調することや、まして将来の危害防止を理由に人の行動を制約することではありません。むしろ、他人に危害を加えない限り、人は何をしてもいいということこそが、この原理の本質です。さらに、善意であったとしても、他人が「あなたのためには、この方がいい」と介入することは正当化されません。もちろん説得したり、あるいは要請したりすることはありうるでしょう。とはいえ、周りからみて、どうみても本人のためにならないようにみえても、それを理由に強制はできないのです（いわゆる「愚行権」です）。

ミルはさらに言論の自由についても強調していますが、その理由が興味深いところです。ミルが言論の自由を擁護するのは、人間にとっての基本的な権利だからという理由ではありません。むしろ彼が強調するのは、権力によって抑圧されようとしている意見が真理かもしれないという可能性です。仮にときの権力にとっては気に食わない意見であっても、その意見を弾圧してしまえば、その意見が正しかったときに、真理への道を塞いでしまうことになります。ある意見が正当化されるのは、それに対する反論を認め、受けて立つ限りです。人間が自らの誤りを正すのは、討論と経験しかないというのがミルの立場でした。

第二に、仮に抑圧されようとしている意見が間違っていて、社会で受け入れられている多数派の意見の方が正しいとします。それでもなお、言論による批判は必要であるとミルは主張します。批判なしには多数派の意見は教条化し、硬直化してしまうからです。ある問題について、自分の見方しか知らない人は、その問題を本当に理解していることになりません。ミルは政治についても、「秩序と安定の党」と「進歩と改革の党」の両方が必要であるといいます。異なる立場からの批判があってこそ、政治が成り立つというのが彼の信念でした。

ミルの議論の特徴は、個人の個性や多様性を重視しつつ、同時に、個人の自由を認めることの社会的意義を論じる点にあります。自由を重視するのは、それが社会にとっても意味があるからです。自由がある方が社会は発展する、このようなミルの議論に、一九世紀に特徴的な「進歩」への楽観をみてとることは可能でしょう。さらに、ミルの自由論の対象となるのは、いわゆる「文明国」に暮らす人々です。自分を律することのできない「非文明」の人には、文明の名において強制してもよいという議論には、帝国主義的な発想が露骨です。とはいえ、自由と幸福、個性や多様性と社会の発展を結びつけたミルの議論こそが、自由主義を古典的に完成させたことは間違いありません。そしてこのような自由主義こそが、あらためて代議制民主主義の構想をもたらしたのです。

民主主義こそが最善の政治体制である

ミルは『自由論』に続いて、一八六一年に『代議制統治論』を刊行します。ミルはこの本において、代議制民主主義が最善の政治体制であると明確に指摘しています。重要なのはその理由です。ミルは「よい統治」を選択するための基準を二つ示します。第一は「国民自身の徳と知性を促進する」こと、第二は「機構それ自体の質」です。

第一の基準が、国民の優れた資質それ自体を増大させることにあるとすれば、第二の基準は、国民の資質をいかに活用し、正しい目的に役立てるかにあります。国民の優れた資質の「総量」を増大させようとするあたり、父ジェイムズやベンサムを批判しつつも、あくまで功利主義者であり続けたミルらしい基準といえるかもしれません。

ミルはこのうちの第一の基準に基づいて、民主主義こそが最善であると述べます。なるほど、優れた専制君主がいるならば、その方がいいという議論があるかもしれません。しかしながら、ミルによればそれは現実的ではありません。仮にその君主が善良で有能であるとしましょう。それでも行政の扱う範囲は広大であり、その全部門を一人の人間が監督することは困難です。優秀な補助者の助けを借りるとしても、今度はそのような人々を見抜く能力が必要になります。

さらに専制君主の下、国民のほとんどは政治にかかわることがなく、結果として国政に強い関心をもたなくなります。人は自国について何もすることがなければ、これを気にかけなくなるのです。彼らはやがて思考までも専制君主に委ねて、すっかり受動的になってしまうでしょう。そうなってしまえば、ある意味で、専制君主は受動的になった国民の一切の事務を、一人で処理しなければなりません。専制君主がスーパーマンのような人であってもそれは不可能だとミルは強調します。重要なのは、あくまで国民全体の能力の向上なのです。

専制ではなく民主主義こそが、一人ひとりの個人の資質を向上させます。自分のことを判断できるのは自分だけです。その意味で、自由な個人こそが、自分にかかわる物事を改善しようとする意欲をもつのです。歴史的にみても、自由な国ほど経済的にも繁栄し、よき統治を実現しています。逆に人が自分の力ではどうにもならず、すべては運命や偶然だと思うようになれば、妬みや諦めの思いが社会に充満するでしょう。さらに公的職務への参加は、人に自分以外の利益を考えるきっかけを与えます。その意味で政治参加の教育的効果は絶大です。したがって、すべての国民が参加できる統治体制こそが、最善の統治体制なのです。最小限の公務への参加であってさえも有益であるとミルはいいます。

代議制の意義

次にミルは、第二の基準、すなわち国民の一定の資質を前提に、それをもっとも有効に活用するための機構を模索します。結論として、最善とされるのは代議制統治です。ミルは「一つの町よりも大きな社会では、公共の事務の何かごく小さな部分以外に全員が参加することは不可能だから、完全な統治体制の理想は、代議制でなければならない」といいます（『代議制統治論』関口正司訳、岩波書店、六四頁）。これは政治体のサイズによる正当化でしょう。

しかし、ミルが代議制を最善とする理由はそれだけではありません。「代議制の国制は、社会に現存している平均水準の知性と誠実さを、最も賢明な社会成員の個々の知性や徳とともに、他の組織方法よりも直接的に統治体制に集約し、また、他の組織方法よりも大きな影響力をこれらの資質に与える方法なのである」（前掲、三一頁）。ミルによれば、代議制とは社会に存在する「平均水準の知性と誠実さ」を、「最も賢明な社会成員の個々の知性や徳」とともに集約するための装置なのです。

ミルには専門的能力をもった官僚制に対する強い信頼があります。逆にいえば、民主主義はそのままでは、十分な専門的知性を活用できるとは限らないと考えているのです。ミルは競争的な試験による公務員採用を強調する一方、大学卒など優れた能力をもつ有権者に「二票、あるいはそれ以上」を与える複数投票制を主張しました。すべての個人が等しく投票する権利をもつ普通選挙が大前提ですが、能力によってはさらに票を加えるという発想です。「一人一票」こそが民主主義の根幹であると考える現代の私たちには驚くような提案ですが、優れた統治体制を構築するためには民主的な要素とともに、優れた知性や専門的能力が不可欠であるとするミルの信念がうかがえます。

それでは代議制に期待される機能とは何でしょうか。「代議制統治が意味するのは、全国民あるいは国民の大多数の部分が、自分たちで定期的に選出する代表を通じて、どんな国制でも必ずどこかにあるはずの最終的統制力を行使する、ということである」(前掲、八〇頁)。ミルによれば代議制が得意とするのは万事を統制することであり、それを自ら行うことではありません。多人数からなる議会は統治の全業務を監督することはできますが、執行するには不向きなのです(このあたりの結論はルソーに近いものがあります)。

集団としての議会が得意なのは審議することです。数多くの対立する意見をよく聞き、それを顧慮して討論を行うことは、代議制の重要な機能です。議会は国民の要望を集約し、それを表明する機関なのです。さらに議会は、政府を監視するという重要な職務があります。ミルは、議会の役割として、「政府の行動に公開性の光をあて、疑問に思える行動すべてについて十分な説明と正当化する理由の提示を強制することである」（前掲、九五頁）といいます。代議制統治をめぐって、多様な意見の表出と討論、そして政府に対する説明責任（アカウンタビリティ）の追及という役割を明確に定式化したことは、ミルの重要な理論的貢献であったといえるでしょう。

ちなみに肝心の議会の立法能力については、ミルはあまり高い評価をしていません。もちろん、国民の統治は、国民の代表者である議会が同意した法律によってのみなされるべきだとミルも認めます。統治をめぐる原理原則の判断について、議会の役割が大きいことも間違いありません。その一方、専門的知識を要する立法については、現在の英国の庶民院が十分な能力をもたず、審議に時間がかかって非効率であることをミルは嘆きます。委員会制の活用や貴族院の改革などを提案するものの、結局のところ、立法権である議会の能力の向上を、ミルが楽観視していなかったことはたしかでしょう。このようなミルの議論は、ロザンヴァロンのいう「立法権から執行権へ」という政府機能の重心の移動を感じさせるものです。

代議制民主主義論の完成

とはいえ、このことはミルの代議制論の意義を否定するわけではありません。

第一に、ミルは多数派だけでなく、少数派の声を代表することの意義を強調します。民主主義とは、平等に代表されたすべての国民が、すべての国民を統治する体制です。ところが実際には、国民のうちの多数派の声だけが排他的に代表されることがほとんどです。ミルはこれを「偽の民主政」と呼びます。そのような多数派は、実際には国民全体からみれば少数派に過ぎません。その意味で、「真の民主政」を実現するには、少数派の声もまた代表されるべきです。

ミルは当時、話題を呼んでいたトマス・ヘアの改革案を支持し、ある種の比例代表制の導入を提唱しました。すべての個人は、社会のなかで同じ重みで数えられなければなりません。社会のあらゆる部分は、その数に比例して代表される必要があります。地元ボスの息がかかった代議士ではなく、全国レベルで優れた人材が競い合うことをミルは願いました。自分自身、短期間ですが下院の議員に選ばれています。すでに触れたように、ミルは英国下院で最初の女性参政権論者でした。

第二に、代議制における正義の実現です。ミルはしばしば「邪悪な利益（シニスター・インタレスト）」という言葉を使います。議会においても、しばしば社会全体の利益ではなく、特定集団の利益が跋扈し、全体を振り回します。とくに多数者支配の民主政であれば、党派利益や階級利益が支配的な権力の座に就くことを免れません。人間には多かれ少なかれ利己的な部分と非利己的な部分があります。世の中には、目先の利益しか考えない人もいれば、将来のことを考える人もいるのです。しかし、人は権力の座に就くとどうしても、利己的利益、それも目先の利益を優先するようになります。より強大な権力の下にあるときは控え目で理性的であった人も、自分が最強の権力者になるとすっかり変化してしまうとミルはいいます。

それではどうすれば、「邪悪な利益」の弊害を食い止めることができるでしょうか。ミルが指摘するのは、どの階級利害も、あるいはその結託も、統治体制内で支配的な影響を行使できないようにすることです。

労働者階級の利害と雇用者階級の利害はしばしば対抗します。さらに、それぞれの階級内部にも、多数派と少数派がいます。ならば、集団利益同士を対立させることがむしろ有効なのではないか。ミルはそう考えます。集団利益をより細分化させ、そこから新たな結合を生み出す過程を通じて、結果的に正義や公共の利益が実現することにミルは期待したのです。

「さまざまな部分的利益のどれであっても、真実や正義と自分たち以外の部分的利益との団結に対して、優位に立てるほど強力になるのを代議制の仕組は許容すべきでない」（前掲、一一九頁）。ここにミルの代議制の構想の本質をみてとることができるでしょう。

バジョットと議院内閣制

このように、ミルは自由主義の立場から本格的な代議制民主主義の構想を打ち立てるに至りました。さらにミルの同時代人であり、ライバルでもあったウォルター・バジョットは『英国憲政論』（一八六七年）を執筆し、大統領制と議院内閣制の区別を含め、立法権と執行権の対抗と連携の可能性を検討します。

銀行家の家に生まれたバジョットは金融業に通じるとともに、ジャーナリストとしても活躍しました。興味深いのは、そのようなバジョットが、英国の政治システムを徹底的に機能的に分析することによって、むしろその「古くささ」を再評価している点です。英国といえば君主制の国であり、貴族院をはじめ、歴史的な組織や機関が数多く残ります。その制度の発展は、バークが指摘したように、抽象的な原理に基づいて設計されたというよりは、むしろ伝統や慣習を維持しつつ、部分的な修正を繰り返してきたようにみえます。その分、合理性や機能性において疑問が残る制度や仕組みも少なくありません。ところが、バジョットは、そこに隠された合理性を発見するのです。

たとえば君主制です。バジョットの時代においてすでに、君主の存在は過去の遺物に映りました。実質的な行政の機能はすでに、政党や内閣に譲ったかにみえたからです。ところがバジョットは、むしろ国王の存在がいかに英国民の国家に対する忠誠や、政治体制全体に対する支持につながっているかを強調します。その忠誠や支持は、必ずしも合理的な利害計算によるものではないだけに、むしろ強くて安定している。そうバジョットは分析したのです。彼によれば、政治制度は必ずしも機能的な部分だけで構成されているのではなく、むしろ人々の感情や情緒に訴えかける部分を含んでいなければならないのです。

その上でバジョットは、歴史的に形成された議院内閣制を擁護します。明確な三権分立に基づくアメリカの大統領制に比べ、英国の議院内閣制においては、どうしても立法権と執行権の一体化がみられます。元々は議会の一委員会であった内閣が、歴史の過程で国王からその統治権力を奪取することによって生まれた制度であることに由来しますが、結果として、議会政治家に責任感を与えるとともに、官僚制との機能的な連携を可能にしました。アメリカの場合、大統領と議会は別に選ばれており、議会政治家は権力の構成や維持にかかわることはできません。結果として、立法権と執行権の関係は連携を欠くものになりがちです。バジョットは、権力が相互にバラバラに機能する大統領制より、議院内閣制の方が政治的にははるかに安定的であると説いたのです。

おそらく、今日、私たちが政治学の「常識」として学ぶ具体的な政治制度論の多くは、この時期に、ミルやバジョットらによって形成されたものです。その意味では、意外に新しい「常識」ともいえます。その歴史は二世紀にみたないものであり、けっして完成されたものではありません。彼らの議論を踏まえつつ、現代的なバージョンアップが求められているのです。

民主主義という意味では、この時期までの展開を通じて、国民の政治参加が少しずつ拡大するとともに、政治権力の責任を追及する仕組みも整備されていきました。その意味で、「参加と責任のシステム」としての民主主義が進化を続けたのです。とはいえ、これは民主主義の進化が完成に近づいたことを意味するわけではありません。むしろ二〇世紀以降、民主主義は拡大をみせる一方で、その根拠が根底的に問い直されたのです。その過程をみていきましょう。

第四章　民主主義の「実現」

1 人民投票的民主主義と独裁

民主主義の世紀

一九世紀に本格化した議会制中心の民主主義は、世紀後半になると欧米諸国を超えた広がりをみせるようになります。一八九〇年に、日本においても第一回の帝国議会が開かれました。欧米諸国においても選挙権が次第に拡大し、普通選挙の実現に向けての動きが加速します。一九世紀の議会制がなお、限られた特権者たちが支配する寡頭制的なものであったとすれば、二〇世紀はまさに大衆民主主義の時代に突入したのです。

新たな覇権国として台頭しつつあったアメリカは、二つの世界大戦に参戦するにあたって民主主義の擁護を掲げました。結果として民主主義は世界的な大義となり、二〇世紀はまさに「民主主義の世紀」と呼ばれるに至りました。長く否定的な含意で使われた「民主主義」という言葉は、ここに完全に意味が逆転したのです。

これを象徴するのが君主制国家の減少です。二〇世紀に入った時点では、世界にはまだ一五〇ほどの君主制国家がありました（逆に共和制国家はアメリカ、フランス、スイスなど少数でした）。これが第一次世界大戦と第二次世界大戦を契機に激減し、今日ではその数は三〇を切っています。とくに二〇世紀初頭に存在したロシア帝国、ドイツ帝国、オーストリア＝ハンガリー帝国、オスマン帝国、そして清朝が、いずれも一九一〇年代から二〇年代前半にかけて解体したことが、時代の転換をよく示しているといえます。総力戦に象徴される二〇世紀という時代に、帝国という体制はもちこたえられなかったのです。現在まで存続している君主制国家も、自らが民主主義と両立するものであることを繰り返し強調しています。

しかしながら、このことは二〇世紀において、民主主義が順調に発展したことを必ずしも意味するわけではありません。むしろ、この激動の時代に民主主義は大きく揺さぶられ、その正当性が厳しく問い直されたといえます。とくに二〇世紀前半、二つの世界大戦と世界恐慌に見舞われるなか、民主主義は激しく混乱し、その存続さえ脅かされました。逆に世紀の後半になると、アジア・アフリカの新興独立諸国を中心に民主主義を標《ひょう》榜《ぼう》する国家が急増しますが、どの国も自らを民主主義と呼ぶことで、民主主義の意味はどうしても曖昧になりがちでした。

本書ではこれまで「参加と責任のシステム」として民主主義を考えてきました。しかしながら、二〇世紀において民主主義が広く承認され、民主主義を標榜する国が増えるにつれ、人々が本当に政治に参加しているのか、強大化する執行権力に対し、十分にその責任を追及する体制が実現しているのか、むしろ疑念の声が高まったことを私たちは忘れるわけにはいきません。

マックス・ウェーバーの苦悩

二〇世紀初頭に立ち戻って、民主主義の思想と歴史を振り返ってみましょう。二〇世紀初頭において民主主義が置かれた状況をよく示す人物の一人に、ドイツの社会学者マックス・ウェーバーがいます。『プロテスタンティズムの倫理と資本主義の精神』でよく知られるウェーバーですが、政治についても重要な発言を多く残しています。とくに第一次世界大戦後の混乱した状況において、ウェーバーが学生に向けて行った講演「職業としての政治」（一九一九年）は、当時の緊迫した雰囲気をよく伝えています。

講演の冒頭でウェーバーは、国家とは「特定の領域の内部」で「正当な物理的暴力行使の独占を（実効的に）要求する人間共同体」（『職業としての政治』脇圭平訳、岩波文庫、九頁、強調点は原文ママ）であるという有名な国家の定義を示しています。国家権力の最終的な基礎として、物理的な暴力行使があることは間違いありません。国家の内部に、その命令に服さない暴力集団がある場合、その国家は領域を実効的に支配していないことになるからです。もちろん、この場合、暴力は暴力でも「正当な」という限定があるのが重要です。とはいえ、国家を論じるにあたって、まずは暴力を強調する点にギョッとする人もいるでしょう。

　しかしながら、ウェーバーがこの講演をしたのは、第一次世界大戦の敗戦によってドイツ帝国が崩壊した直後のことです。敗戦にあたってはキール軍港で水兵の反乱が起こり、これをきっかけに各地で大衆蜂起が起こります。兵士や市民による評議会がつくられ、さらに、ローザ・ルクセンブルクとカール・リープクネヒトによる武装蜂起も起きています。ようやくヴァイマル（ワイマール）共和国の最初の国民議会選挙が行われたものの、その帰趨がまだわからない状況でウェーバーの講演は行われたのです。「正当な物理的暴力行使」を新国家が独占できるのか、それがまさに喫緊の課題でした。

マックス・ウェーバー

　ヴァイマル共和国発足にあたっては、ウェーバーも創設に加わった民主党が政権に加わります。二〇歳以上の男女による普通選挙権や社会権の承認など、当時、世界でもっとも民主的とされたヴァイマル憲法の起草に、ウェーバーもまた関係したのです。ウェーバーの影響がとくに強かった提案は、大統領制でした。皇帝のいなくなったドイツにおいて、ウェーバーは国民によって直接選ばれる大統領制を主張しました。しかし、首相任命や議会解散権、さらに緊急時に国民の権利を停止する大権（ヴァイマル憲法第四八条）を与えられた強大な大統領は、その後のドイツ政治に禍根を残すことになりました。この国家緊急権が、後にナチス（国家社会主義ドイツ労働者党）のヒットラーによって利用されることになったからです。それではなぜ、ウェーバーはこのように強大な権限をもつ大統領を擁護したのでしょうか。そこにはウェーバーの苦悩があったのです。

「完全に無力な議会」

ウェーバーは敗戦が近い一九一七年に、「新秩序ドイツの議会と政府」という論文を執筆しています。この論文を読めば、ウェーバーが帝政ドイツの政治をどのようにみていたのか、わかるでしょう。

ウェーバーがまず指摘するのは、「ビスマルクの政治的遺産」です。あるいは「負の政治的遺産」と呼ぶべきでしょうか。たしかにビスマルクは有能でした。しかし彼は、自分にとって邪魔となる政党や政治家の存在を許しませんでした。彼はすべてを自分の思う通りに進めたかったのです。結果として、議会も国民もビスマルクにすべてを委ねてしまい、ただその命令に従うばかりでした。残されたのは「完全に無力な議会」と「政治教育のひとかけらも受けていない国民」です。国民は自らの代表者を通じて、自国の政治的運命を共同で決定する習慣をもってはじめて、政治的な判断力を鍛えられます。ところがドイツ国民には、その機会が与えられなかったのです。

ビスマルク亡き後、ドイツ政治を支配したのは保守的な官僚層でした。ウェーバーのみるところ、近代社会において重要なのは、日々の業務の合理的な執行です。国家にせよ、軍隊にせよ、あるいは工場にせよ、これを合理的に運営していくためには、専門的な官僚制が不可欠です。実際、ドイツはこの点において優れていましたが、これが行きすぎれば、官僚層が肥大化し、その権力は強化されるばかりです。これに対し、議会はこれを抑制するための十分な意志も能力ももっていませんでした。

ウェーバーは、政治家のする仕事と官僚のする仕事は、本来異なるべきであると考えていました。官僚はその専門的能力に基づき、非党派的に職務を執行すべきです。これに対し、政治家は議会での討論を通じて、他の政治家や党派と競い合い、国家運営に対して最終的に責任をもつのが使命です。すでにみたように、ミルは議会の重要な役割を、行政に対する監督能力に見出しました。英国議会をモデルに考えたウェーバーもまた、議会がしっかりとした調査権をもつことを主張しました。逆にいえば、現実のドイツの議会はその能力を十分にもっていなかったのです。

ある意味で、ウェーバーの警告は早すぎるものだったのかもしれません。というのも、総力戦を通じて行政は活動の領域をさらに拡大し、経済や産業の問題から社会的な問題までを扱うようになりますが、ウェーバーはそれが本格化する前に、この世を去ったからです（ウェーバーは、当時流行したスペイン風邪で亡くなりました）。とはいえ、統治の中心的な機能を担っているのはもはや立法権ではなく執行権であるということを、ウェーバーは明確に認識していました。これに対抗して政治の機能を強化するため、彼は大統領職に期待したのです。

大衆民主主義と政党の官僚化

『職業としての政治』を読んでいると、ウェーバーが政治家に対して求めるものが、いかに大きかったかわかります。彼が指摘するのは三つの資質、すなわち「情熱」と「責任感」、そして「判断力」です。政治家は、自らの職務に対する献身が求められます。

すでにみたように、ウェーバーは国家の基礎に物理的暴力を見出します。そして、政治というものが、権力をめぐる闘争と切っても切れない関係にあるとします。そのような政治家が行う判断によっては、多くの人の命が失われ、人生が覆ってしまうことがあるでしょう。だからこそ、政治家は他人を動かす権力をもっていることを自覚し、それに溺れることなく、責任をはたさなければならないとウェーバーは強調したのです。

その場合の責任も、ただ単に自分の信念に従っているというだけでは十分ではありません。政治家は同時に、自分の行為の結果に対して責任をもつ必要があるのです。自分の信じていることは正しかったが、結果がたまたまうまくいかなかった、という言い訳は、政治家には通用しません。政治家にとって重要なのは結果だからです。どれだけ善意であっても、結果として国民を奈落に突き落としてしまうことなど、けっして許されないのです。その意味で、政治家は主観的に自分が正しいと思う「信条（心情）倫理」だけでは不十分で、結果に対して責任をもつ「責任倫理」が不可欠だというのが、ウェーバーの主張でした。

ウェーバーは、ニューヨークの有名な政治クラブである「タマニー・ホール」の例を紹介しています。タマニー・ホールは慈善団体としてニューヨークで発足しましたが、やがて増大する移民に対する各種のサービス提供を梃子《てこ》に、彼らからの政治的支持を集めるようになります。やがて巨大な集票組織へと成長したタマニー・ホールは、買収や腐敗の象徴のように語られましたが、大衆民主主義の時代にあって、そのような組織は不可欠の存在でもありました。やがて、「マシーン」と呼ばれることになりますが、大衆民主主義の発展は、このような集票組織の発展とともに実現したのです。

このような状況において、多くの政治家は、ますます「政治によって」生きるようになります。言い換えれば、生活の糧として政治に携わる、いわば職業政治家になっていくのです。これに対し、「政治のために」生きる政治家、すなわち政治を使命とし、政治にかかわることそれ自体を目的とする政治家は、少なくなっていきます。ウェーバーは選挙権の拡大により大衆民主主義が実現したものの、その結果として政党の官僚化が進み、政治家の職業化が進んだことに危機意識をもちました。

人々のあずかり知らないところで、党官僚やボスたちによって政治が決まってしまうならば、それは民主主義ではありません。ある意味で、選挙権拡大という民主化への動きが、結果として非民主的な事態をもたらした矛盾をウェーバーは重視したのです。かつて政治家になるのは、名望家と呼ばれる地域の有力者たちが中心でした。これに対し、現在では選挙権が拡大し、選挙で勝利するためには全国的な政党組織が不可欠です。そのためには資金も必要ですし、党務を担う人々の数も増えていきます。大衆民主主義の時代において、政党もまた官僚化していかざるをえなかったのです。

このような状況において残された選択肢は何だったのでしょうか。ウェーバーによれば、第一の道は「指導者民主主義」です。ウェーバーは人々を魅きつける天与の資質をカリスマと呼びましたが、いわばカリスマをもった政治的指導者が、国民の直接選挙で選ばれることに期待したわけです。もちろん、そのようなカリスマ的指導者の下で、人民が単にその追随者となってしまう危険性はあります。が、第二の選択肢、すなわち「指導者なき民主主義」によって、使命感のない職業政治家による単なる利害調整がだらだら続くよりはましだとウェーバーは考えました。

結果として、ウェーバーの提言に基づき、新生ドイツの大統領は強大な権限をもつようになりました。が、それは議会制との間に矛盾をもつ、「人民投票的」な大統領でした。通常の行政は議会の多数派によって構成される内閣が行いますが、その一方で、緊急事態発生時には国民の権利を停止できる強大な大統領が存在することは、ヴァイマル（ワイマール）の政治体制を矛盾にみちたものにしました。ウェーバーはナチスの時代をみることなくこの世を去りました。政治的・経済的・社会的混乱の続くなか、ウェーバーは、存在感を大きくする執行権を使いこなすリーダーシップをもった大統領を提案せざるをえなかったのです。そのようなウェーバーの苦悩は、現代の私たちにとっても、考えるべき重要な素材を提供しているように思われます。

カール・シュミット

シュミットの独裁論

このようなウェーバーの議論をさらに推し進めたのが、ドイツの法学者・政治学者であるカール・シュミットです。

よく知られているように、シュミットは、通常の憲法や法秩序がその機能を停止した緊急事態を「例外状態」と呼び、この例外状態において決断を下すものこそが主権者であるとしました（『政治神学』）。このようなシュミットの議論の背景にあるのが、国家緊急権をもつドイツの大統領であったことはいうまでもありません。

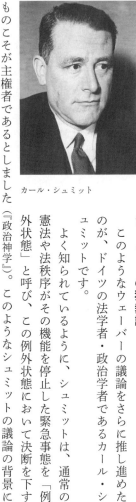

さらにシュミットは、そのような例外状態において主権者は、誰が友であり、敵であるかを判断するとし、そのような判断をできないならば、その政治体は政治体として存立しえないと主張しました。友敵関係こそが、「政治的なるもの」の本質をなすと考えたためです（『政治的なものの概念』）。

シュミットは「独裁」についても独特な関心をもっていました。彼は『独裁』（一九二一年）において、古代ローマにおける独裁官からフランス革命における人民の独裁、さらに彼の同時代における社会主義によるプロレタリアート独裁まで、幅広くこの問題を検討し

国会議事堂放火事件（1933年２月27日）

ています。危機において、超法規的な役割をはたす独裁の役割をシュミットは重視しました。彼のみるところ、近代の思想は十分に例外状態を考察することがありませんでした。結果として、独裁の問題に正面から取り組むこともなかったのです。

このようなシュミットの議論がナチスによって利用されたことは間違いありません。ナチスの党首であるヒトラーは議会で多数をとって首相になり、全権委任法を成立させます。さらに国会議事堂放火事件をきっかけに、共産党を非合法化しました。やがてヒトラーは首相と大統領の地位を統合させる法律を成立させ、自らの「独裁」を実現しました。文字通り、「指導者民主主義」を現実化したのです。

とはいえ、シュミットのねらいがナチスの擁護に尽きると考えるのは、やや問題を矮小化しているといえるでしょう。そこにはシュミットなりの、民主主義に対する問題意識があったからです。ここでは『現代議会主義の精神史的状況』(一九二三年)をみてみたいと思います。

自由主義と民主主義

この著書でシュミットは、自由主義と民主主義を明確に区別しようとしています。本書でも検討したように、自由主義と民主主義の間には緊張がありますが、にもかかわらず、両者を結びつけて考えることが、一九世紀以来、一般的でした。やがて「自由民主主義(リベラル・デモクラシー)」という言葉さえ、生まれてきたのです。しかしながら、両者は本質的に異なり、これを安易に同一視していることが、現在の混乱を生み出しているとシュミットは主張しました。

シュミットによれば、民主主義の本質は「同質性」です。ここでシュミットはルソーの『社会契約論』をもち出します。シュミットによれば、ルソーの一般意志とは全員一致の支配を意味し、国民を分裂させるあらゆる特殊利益は否定されます。このような同質性があるからこそ、民主主義においては、治者と被治者の同一性がいえるのです。逆にいえば、民主主義の同質性を維持するためには、「異質なるものの排除あるいは殲滅」が必要です。さらに、同質性を確認するためには、指導者に対する国民による「喝采」があればいいとシュミットは指摘します（『現代議会主義の精神史的状況　他一篇』樋口陽一訳、岩波文庫、一三九頁）。

これに対し、自由主義の本質は「討論」です。近代の民主主義は議会制を重視し、自らを議会主義と同一視してきました。しかし、民主主義がつねに議会制と結びつくとは限らないことは、本書でも繰り返し指摘してきた通りです。シュミットもまた、多様な意見による討論を重視する議会主義は自由主義に属するものであって、民主主義ではないと説きました。

さらに、議会主義においては、しばしば公開性と権力分立が強調されますが、これらも自由主義的な理念であり、民主主義とは無関係であるとシュミットはいいます。立法権と執行権の区別を強調したり、国家権力の集中を重視したりするのは自由主義であり、同質性を旨とする民主主義とはむしろ相反するからです。シュミットによれば、すべての混乱は自由主義、民主主義、そして議会主義を結びつけて考えたことにありました。民主主義は議会主義ではなく、むしろ独裁と結びつけられるべきなのです。

以上の議論を踏まえ、シュミットは次のように結論づけます。「近代議会主義とよばれているものなしにも民主主義は存在しうるし、民主主義なしにも議会主義は存在しうる。そして、独裁は決して民主主義の決定的な対立物でなく、民主主義は独裁への決定的な対立物でない」（前掲、三二頁）。

今日の目からすれば、これはあまりに極端な議論であり、危険な暴論でしょう。とはいえ、シュミットにすれば、現実の議会が「討論」の機関としてまったく機能していないとすれば、このような議会と切り離して、国民から直接的な支持を取りつけた指導者によってしか危機を克服できないことになります。「民主的な」独裁こそが、国家の分裂を回避する唯一の道であるという考えは、シュミットがウェーバーから独特な形で受け継いだものといえるでしょう。

シュミットのように極端なかたちで自由主義と民主主義を区別するのではないとしても、両者の間に緊張があることを前提に、どうすれば自由を否定することなく、民主主義を十全に実現できるか、という課題は私たちに残されています。同様に、もし議会主義が十分に機能をはたさないとき、いかに執行権を民主的に統制するのかという問題も私たちに委ねられています。シュミットが残した重い宿題です。

2　エリート民主主義と多元主義

第二次世界大戦後の民主主義論

　第二次世界大戦は世界を荒廃させて終わりました。直接的な戦闘による死者に加え、餓死者や病死者までを含めれば、犠牲者の数は実に六〇〇〇万～八〇〇〇万人にも及んだといいます。参戦にあたって、アメリカ大統領フランクリン・ローズベルトは、全体主義に対する民主主義の擁護を戦いの大義として掲げましたが、あまりにも多くの犠牲を払って民主主義は守られたことになります。

　それでは戦後、民主主義は順調に発展したのでしょうか。なるほど、サミュエル・ハンチントンの『第三の波』が指摘するように、一九四三年のイタリアのファシスト政権の崩壊から、アルジェリアなどの独立が続いた一九六二年までの間に、ヨーロッパやラテン・アメリカ、アジアやアフリカの国々で民主化が進みました。しかしながら、この時期の民主主義をめぐる議論をみていくと、その調子にむしろ苦いものがあることがわかります。

一言でいえば、そこに目立つのは民衆に対する懐疑です。ヒットラーの独裁は、ドイツ国民の民主的な支持の下で実現したのではないか。抑制されない群衆の集団的心理が危険な結果をもたらすのではないか。そもそも、十分な判断力をもたない大衆による民主主義など可能なのだろうか。このような懸念を代表する著作にエーリッヒ・フロムの『自由からの逃走』（一九四一年）があります。

フロムによれば、自由は孤独や不安をもたらします。これに耐えられない個人は、無力感に苛まれた結果、むしろ安定をもたらしてくれる権威への従属を選びます。かつて隷属を嫌い、自由を求めた個人は、いまや自由であることの負担に耐えかねて「自由から逃走」することを望んでいるのです。ドイツにおけるナチスの台頭の背景にあった人々の心理をこのように説明したフロムの議論は、この時期の議論の雰囲気をよく示していたといえるでしょう。

結果として、第二次世界大戦直後の民主主義論は、はるかに抑制的なものになりました。民主主義への楽観は影を潜め、むしろ民主主義に対してより慎重なアプローチが取られたのです。同時に、それは単なる戦前の議会主義への回帰でもありませんでした。たしかにファシズムは信用を失い、表面的には、伝統的な政党制や多党制が復活したようにもみえます。また、ヴァイマル共和国における強大な大統領の存在は、負の教訓を与えました。しかし、ドイツやイタリアをはじめ、多くの国々で政党制は依然として不安定でした。福祉国家化が進むなか、現実には行政権の役割が拡大し、むしろ大統領や首相など政治的リーダーの影響力が拡大していったのです。

このような状況を前提に、なんとか自由主義と民主主義の危ういバランスを回復しようと努めたのが、第二次大戦後の民主主義論です。違憲立法審査権が多くの国々で採用されたのはその一例でしょう。このような立憲的枠組みを前提に、多党制を安定化させ、実効的な執行権を制度化しようという意図が、共通してみられました。「安定」が時代のキーワードになったのです。

古典的な民主主義論への懐疑

この時期の民主主義論に大きな影響を与えた一冊が、ヨーゼフ・シュンペーターの『資本主義・社会主義・民主主義』(一九四二年)です。経済学者として知られ、起業家(アントレプレナー)による新結合(イノベーション)によって経済が発展することを説いた理論家として有名なシュンペーターですが、この大著で民主主義についても踏み込んだ検討を行っています。

オーストリア=ハンガリー帝国の首都ウィーンで学んだシュンペーターは、オーストリ

ヨーゼフ・シュンペーター

ア共和国の財務大臣もつとめました。社会主義者が多い政権内で苦労し、政治家としてはけっして成功することがなかったシュンペーターですが、後に米国に移住し、ハーヴァード大学教授として終えた生涯のなかで、例外的に現実政治にもまれた時期でした。あるいは彼にとって、政治について考える上で、貴重な経験だったのかもしれません。また、このような経験にもかかわらず、シュンペーターが社会主義に理解を示し続け、資本主義社会の没落を予想したことも興味深いところです。

本書にとって重要なのは、シュンペーターが「古典的民主主義」を否定し、これに代わる「いま一つの民主主義理論」を示している点です。彼によれば、民主主義についての古典的な理解とは、人民が自らの意志を実現すべく、その代表を通じて問題を決定し、公共の利益を実現するというものです。この場合、その前提にあるのは、すべての人民が一致できるような、一義的に確定された「公共の利益」の存在です。

しかしながら、現実には、およそ「公共の利益」といっても、人によって、集団によって、その内容の理解はさまざまです。しかも、仮にそのような「公共の利益」が存在するとしても、それを具体的な問題に適用したとき、明快な答えが出るとは限りません。

たとえば、人々の経済的満足を充足するにはどうしたらいいのでしょうか。ある人は政府が減税することが一番だといいます。これに対し、むしろ増税して政府による公共投資を充実させるべきだという人もいるでしょう。経済学者の間でもなかなか議論が一致しない争点について、何が公共の利益になるのか、一つの確定的な民意があると想定することは難しいでしょう。

あるいは、個人や集団の意志や影響力が作用・反作用の複雑な過程をへて、最終的に生み出したものを、社会の共通の意志とみなすことも可能です。とはいえ、そのような相互作用の産物は合理的な統一性に欠けがちであり、かつ誰も望んでいない結果であることもしばしばです。「公正な妥協」とはいえるかもしれませんが、こと人間の基本的な権利や戦争にかかわる問題の場合、妥協によって決定されるのはけっして望ましいことではありません。

さらに現代では、集団心理の問題もあります。民主主義には、有権者は明確な意志をもち、合理的な推論を行うことができるという前提があります。しかし、現実には群衆になると、人々の責任感が後退し、思考力が低下することがしばしばです。情緒的な訴えなど、非論理的な力に敏感に反応してしまうこともあります。教育のある人でもその危険性を免《まぬが》れませんし、あるいは、よりひどいかもしれません。自分の身の回りのことならしっかりと判断できる人々でも、問題が政治になると、途端に感情的で付和雷同的になってしまうのです。そのような心理につけ込んで人々を誘導したり、操作したりする動きも出てくるでしょう。

それにもかかわらず、古典的な民主主義は今日まで支持されてきました。シュンペーターによれば、それは「民主主義は正しい」とかたくなに信じる人々の思い込みによるものです。それはいわば「民主主義の宗教化」、あるいは「イデオロギー化」の結果にほかなりません。そうだとすれば、いまこそ新たな民主主義理解へと進むべきではないか、シュンペーターはそう説くのです。

エリート民主主義論

シュンペーターの新たな民主主義論において重要なのは、人民が自らものごとを決めることではなく、むしろ人民が代表者を選ぶことです。「古典的民主主義」では、人民はすべての個別的問題について、自らの明確な意見をもち、代表者を通じてそれを実行するとされました。ここで強調されたのは意見をもつことで、代表を選ぶことはいわばその手段に過ぎませんでした。これに対し、シュンペーターは優先順位を逆にすべきだと主張します。肝心なのはむしろ、代表者を選ぶことです。言い換えれば、民主主義とは、人民が自らの代表者を選び、そのことを通じて政府をつくることです。代表になろうとする人は、有権者の票の獲得を目指して競争しますが、この競争こそが、民主主義の民主主義たる理由なのです。

　このようなシュンペーターの民主主義観は、民主主義を「参加と責任のシステム」として捉えてきた本書からすれば、かなり偏ったものといえます。少なくとも、そこに参加の契機は薄いといわざるをえません。シュンペーターの視座からすれば、代表者たちの間で競争があることがもっとも重要であり、さらにいえば、競争さえあればそれでいいということにもつながります。

　逆に、有権者の意志によって代表者を束縛しすぎるのは、望ましいことでありません。シュンペーターは、代表者によるリーダーシップの余地を残すことが重要であると考えました。あるいはそれは、彼の経済論において、競争における起業家のイノベーションを重視したこととも一脈通じるのでしょう。逆にいえば、一般の人々の政治参加は、それ自体として価値があるとはみなされないのです。参加より競争を重視するシュンペーターの民主主義観は、しばしばエリート民主主義論とも呼ばれます。

　シュンペーターによれば、このような民主主義が成功するためには四つの条件があります。第一は「政治家の高い資質」です。公職に就くための競争は人的資源を浪費しますし、一度権力が確立されると他の人は参入しにくくなります。人材を得ることがなかなか難しい領域だけに、政治家が輩出し続ける社会階層が必要だとシュンペーターはいいます。

第二は「政治的決定の範囲を広げすぎないこと」です。古典的な理論によれば、国民が理解し、重要視している事柄はすべて政治的に取り上げられるべきですが、現実には、政府やそれを構成する人々の能力、世論のタイプによって政治的決定の範囲を決めるべきです。議会は、自らの権限を自ら制限し、すべてに手を出すべきではありません。

第三は「官僚制」です。現在の産業社会においては、公共的活動の領域に含まれることが拡大します。それゆえに民主的な政府といえども、よく訓練された官僚制の存在が不可欠となります。官僚は日々の業務を遂行するだけでなく、むしろ政治家に教え、指示を与える必要があるのです。

そして第四は「民主的な自制」(!)です。議会において政治家はやたらと政府の転覆をはかってはならず、投票者もいったん選んだ以上、次の選挙までは政治家を信任すべきだとシュンペーターはいいます。

これらはいずれも、民主主義に対して多くを望まない、きわめて「現実主義的」な議論といえるでしょう。立法権の役割についても限定的であり、むしろ官僚制を含む行政権に対して多くを期待しています。いずれにせよ、民主主義とは代表者を選んで政府をつくることであり、重要なのは政治家の間に競争があることであるというシュンペーターの議論は、この時期の抑制的な民主主義論の一つの典型といえるでしょう。

ここにおいて有権者は、主権者というよりは、政治家を選ぶ消費者に近い存在として理解されています。民主主義とは、人間の平等や政治参加という理念というよりは、むしろ代表者を選出するための一つの政治的な仕組みなのです。

ダールの「多元主義」

このようなシュンペーターの議論と近いところから出発したのが、アメリカの政治学者のロバート・ダールです。彼は一九六一年に『統治するのはだれか』を発表します。自らが住むコネチカット州のニューヘイブン市における権力構造を実証的に研究するもので、大きな話題を呼びました。

この地方都市で、政治的影響力はどのように配分されているのでしょうか。資金や公職、情報をコントロールしているのは誰なのでしょうか。さらに、政党は実際のところどのように機能しているのでしょうか。これらを研究したダールの結論は、ある意味で意外

ロバート・ダール

なものでした。人種集団の多元性もあり、どのグループの影響力も限定的であって、いわば権力が分有されているというのです。

当時、アメリカの学界では、左派の社会学者であるC・W・ミルズの影響もあり、アメリカ社会を支配する単一の階級構造やパワーエリートが存在するという考えが有力でした。これに対し、ダールの研究はむしろ、多元的な集団間の競争を強調するものでした。このようなダールの民主主義論は「多元主義（pluralism）」と呼ばれることになります。

このようなダールの議論に対して、同時代的には「保守的」であるという批判もありました。集団間の多元的な競争を理想化することで、結果的にはエリート支配の現実を擁護しているというのです。

しかしながら、ダール自身はアメリカ中西部に生まれ、世紀転換期における貧しい農民による反エリート運動である、「ポピュリズム」の空気を身近に吸って育ちました（「ポピュリズム」という言葉の語源の一つは、このときにできた「人民党（People's Party）」にあります）。若き日には社会主義に共感を示し、少数政党であった社会党にも参加しています。後にダールは社会主義に幻滅し、社会党からも離れますが、生涯を通じて政治的平等の問題に敏感であり、女性や少数派の差別や排除の問題にも積極的に取り組み続けました。企業内における民主主義を主張する著作も執筆しているダールを、「エリート主義的」「保守的」と決め付けるのは適当ではないはずです。

『ポリアーキー』

それでは、ダールの多元主義的な民主主義をどのように理解すればよいのでしょうか。もっとも注目すべきはやはり、彼の主著である『ポリアーキー』（一九七一年）です。「ポリアーキー（polyarchy）」とは、「複数の（poly）」と「支配（archy）」を結びつけたダールの造語です。一人の支配が「君主政（monarchy）」であり、少数の支配が「寡頭政（oligarchy）」であるように、「複数の支配」を意味するのがこの言葉です。

ダールがわざわざこのような言葉をつくり出したのは、これを民主主義（democracy）と区別するためです。ダールにいわせれば、民主主義という言葉は、歴史において長く使われた結果、意味が曖昧になってしまいました。とくに古代ギリシアでは、市民が民会に集ってそこで決定をしましたが、一九世紀以降に発展したいわゆる現代の民主主義国家は、これとまったく異なるものです。現代の民主主義国家とは、古代ギリシア的な民主主義の要素に、それとは明らかに異質なものを取り込んだものにほかなりません。

その最たるものは、これまでも繰り返し指摘したように政党です。古代ギリシアでは公共の利益に反するとされた党派や分派は、近代の議会制民主主義ではむしろ政党として、その不可欠の要素とみなされるようになりました。現代ではさらに、政党だけでなく、多様な利益集団の存在が承認され、その多様性や多元性が重視されています。巨大化した社会において、個人はその利害を守るために組織や集団をつくらざるをえません。そのような集団は、古典的な公共の利益の理念を否定しますが、むしろ国家による一元的な支配を抑制し、集団間の自由な競争によって望ましい帰結を生み出すと考えられるようになったのです。ダールはこのような状況を「複数の支配」、すなわち「ポリアーキー」と呼んで、その実態を実証的に分析しようとしました。

もちろん、ダールは民主主義という言葉を放棄したわけではありません。むしろダールは、民主主義の基準を、「政治的平等」、「有効な参加」、「知識や情報の普及」、「決定すべき事項の選択権」、そして「包括性」に求め、より正確な把握に努めます。すべての市民が政治に参加する平等な権利をもち、自ら決定すべき事項を選択し、必要な知識や情報を得て、自らの考えを政治に反映させる機会があることが民主主義に不可欠なのです。

もちろん、現実のいわゆる民主主義国家において、このような民主主義の諸基準が満たされていることを必ずしも意味しません。ダールはその事実を踏まえた上で、現実にいかに「複数の支配」を生み出し、その質を向上させていくかを考えたのです。さもなければ、現実の国家は単なる寡頭制支配に転落するばかりである、そのような痛切な危機意識が、ダールの著作には感じられます。現実がせいぜい複数の集団の支配であるならば、それを民主主義の美名で飾ってはならないというのが、ダールの真のねらいではなかったでしょうか。

ポリアーキーへの道筋

興味深いのは、このようなポリアーキーへの道筋を、ダールがいかに示したかです。よく知られているように、ダールは一方の軸として、「自由化」あるいは「公的異議申立て」、他方の軸に「包括性」あるいは「参加」を掲げています。

第一の軸が「権力に対しどれだけ自由に異議を言えるか」であるとすれば、第二の軸は「選挙に参加し、公職につく権利がどの程度、普及しているか」を意味します。競争的な議会制が実現していても参政権が限定的な国もあれば、抑圧的な体制の下で普通選挙が実施されている国もあるでしょう。念頭にあったのは、前者が一八世紀までの英国、後者は一九世紀末から二〇世紀初頭にかけてのドイツでした。両方の軸をともに高いレベルにしない限りポリアーキーは実現しませんが、同時にそれを達成するのは容易ではないという含意がそこにあります。

それではどのような条件があれば、ポリアーキーへの移行が可能になるのでしょうか。まずは社会的経済的条件です。ダールによれば、一国の社会的経済的条件が発展すればするほど、その国において政治が競争的になる可能性も高まります。所得水準が高まり、高等教育が普及し、さらにマスコミュニケーションが発展することが、ポリアーキーの条件を整えるのです。

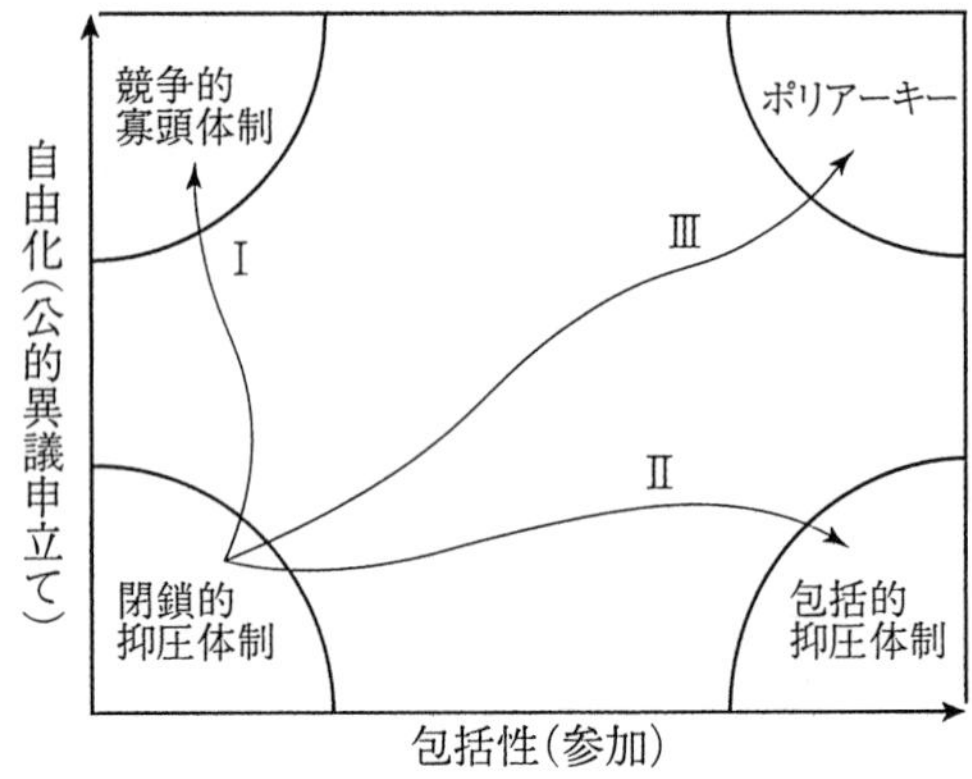

自由化、包括性、民主化（ロバート・ダール『ポリアーキー』岩波文庫、14頁より引用）

ただし例外もあり、社会的経済的な発展が高度な国でポリアーキーが実現しないこともあれば、逆にそうでない国でポリアーキーへの移行が生じることもあります。その際に意味をもつのが、その国が多元的な社会であるかどうかです。伝統的な土地所有に社会的地位や権力が連動する社会と比べ、一つの資源が他の資源と連動せず、不平等が固定化しにくい社会の方が、競争的な政治に向かいやすいのです。

歴史的文化的条件はどうでしょうか。ポリアーキーにとって、社会が多元的であることはもちろん望ましいことです。かといって、多様な集団が相互に敵対して社会に亀裂が生じ、さらには分裂に至っては元も子もありません。その意味で、階級的な対立はもちろん、民族や宗教、言語の多元性も要注意です。しかし、そのような意味で多文化社会であれば、分裂を免れないかといえば、そうとは限りません。例えばベルギーは、フラマンとワロンという、国内において地域にねざす複数の下位文化が存在します。にもかかわらず、歴史的にそのような多元性を乗り越えて協力し合う欲求が生まれ、現在まで一つの国として存続しています。インドにおいても言語・民族・宗教・カースト等の影響によって極端なまでに多元性がありますが（言語を例に取れば、公用語として憲法に認められているものだけで二二もあります）、そのことがむしろ妥協と連合形成の技術の発展に結びついています。

その意味では、社会経済的な条件や歴史的文化的条件によって、すべてが決まるわけではありません。それらの条件はもちろん大きな意味をもちますが、それと同時に、ポリアーキーの正当性についての信念が社会に定着しているかどうか、政府の能力への信頼や、協調能力が社会に存在するかどうかもまた、重要な役割をはたすのです。

ポリアーキーと民主主義

このように、社会における多元的な集団が、相互に競争しつつ協調を実現することでポリアーキーを達成するというダールの議論は、民主主義論にとっても大きな意味をもっています。とくにダールが政党や政治家レベルでの多元性だけでなく、社会的経済的、あるいは歴史的文化的な多元性にまで視野を広げ、実証的に議論していることは、示唆するところが大きいでしょう。このような多元的集団が協調的な競争を実現できる条件を追究していくことは、世界における民主主義を考える上でも重要です。

一方、ダールの議論が集団間の競争にあまりに焦点を置きすぎた結果、民主主義論の本質を曖昧にした可能性もあります。もちろん、彼はその点に意識的であり、民主主義とポリアーキーを慎重に区別しています。とはいえ、ややもすれば、民主主義といえば、もっぱら多元的な集団間の権力的資源をめぐる競争に還元してしまう傾向を生み出したことも、たしかな事実ではないでしょうか。ここまで繰り返し述べてきたように、「参加と責任のシステム」という視点から民主主義を考えてきた本書にとって、ダールの議論は明らかに射程が限定的です。人々の政治参加や政府の責任追及という点で、課題は残されたのです。

3　参加と平等の回復を目指して

戦後民主主義の安定と動揺

民主主義の歴史を追跡してきた本書も、いよいよ現代に近づいてきました。二〇世紀中盤以降、多くの西側先進国は高度経済成長を経験し、社会保障制度を充実させるなど、福祉国家への道をたどります。フランスの経済学者トマ・ピケティが執筆した『21世紀の資本』は、歴史的な格差のあり方を実証的に検討することで世界的なベストセラーになりました。彼がこの本で指摘するように、第二次世界大戦以降の先進国内部における平等は歴史的にみても例外的なものでした。各国において平等をもたらしたのは、総力戦、相続税や累進課税の導入、そして高度経済成長でした。これらの結果、格差拡大が一定程度に抑制されたのです。このことを背景に、資本家・富裕層と労働者層との間に福祉国家をめぐるコンセンサスが成立し、いわば戦後民主主義の安定期を迎えました。

このようなコンセンサスは、一九七〇年代には早くも岐路《きろ》に立たされます。二度にわたるオイルショックは西側先進国の経済成長の鈍化をもたらし、経済に対する国家の積極的介入によって成長と安定をもたらしたケインズ政策の有効性にも、限界がみえるようになりました。経済の低成長と財政赤字に苦しむ各国政府は、新たな模索の時期に入ったのです。

一九七九年、「ゆりかごから墓場まで」のスローガンの下、充実した社会福祉政策で知られた英国で、経済の規制緩和と民営化を掲げるマーガレット・サッチャーの政権が成立しました。翌年にはアメリカでもロナルド・レーガンが大統領に選ばれます。レーガンもまた規制撤廃による自由競争の促進を主張し、大規模な減税による経済刺激策を推し進めました。彼らの政策は後に新自由主義と呼ばれることになりますが、奇《く》しくも同じ時期、中国では鄧小平による改革・開放政策が本格化し、市場経済の導入が進みました。世界的に新たな「市場の時代」が始まり、後のグローバリズムへとつながっていきました。

このような状況において、格差は再び拡大していきます。再度、ピケティによれば、一九七〇年代後半以降、再び格差拡大へと向かった欧米諸国において、相続による富が経済の主要部分を占めるようになり、次第に中間層が減少していきます。不平等が二〇世紀初頭の水準へと戻ってしまったのです。

このことは当然、民主主義に対しても大きな影響を及ぼしました。いわば「二〇世紀コンセンサス」の上に安定していた各国の代議制民主主義は、再び不安定化を余儀なくされたのです。資本家・富裕層と労働者層のそれぞれを代表していた保守・社会民主主義による二大政党は、福祉国家をめぐる歩み寄りを前提に、相互の利益調整を図ってきましたが、財政の悪化によりそれも難しくなっていきます。何より、アリストテレス以来、民主主義を支えるとされた中間層の没落は、政治の分極化を招いて民主主義の運営をより困難なものとしました。

結果として、自由民主主義と市場経済とが、相互に支え合い、発展していくという「常識」が揺らぐようになります。序でフランシス・フクヤマの「歴史の終わりか?」論文に触れましたが、ベルリンの壁崩壊に先立ち、自由民主主義の最終勝利を宣言したこの文書は、むしろ新たな混迷の時代の号砲になってしまったのかもしれません。民主主義の立て直しはなお二一世紀の課題として残されていますが、ここで二〇世紀後半を代表する民主主義論をいま一度振り返っておきたいと思います。

ハンナ・アーレントの『全体主義の起源』

ハンナ・アーレントといえば、『人間の条件』(一九五八年)がよく知られています。ユダヤ人であるアーレントはナチスの台頭したドイツを離れ、アメリカで亡命生活を送りましたが、その生涯は、彼女を主人公とする映画『ハンナ・アーレント』によって広く知られるところになりました。生命を維持するための労働、耐久性のある作品をつくり出す仕事、そして他の人間と言葉を介してつながる活動の三つを区別し、多様な人間によって生み出される複数性を政治の重要な要素とみなしたアーレントの議論は、全体主義を経験した二〇世紀を代表する政治的考察の一つとなりました。政治とは単なる利益調整ではなく、相互に異なる多様な諸個人が言葉を交わすことによって、自由で公共的な空間を創出することにある。このメッセージは、今日なお私たちの心に響くものをもっています。

このようなアーレントの考察をきっかけに、人々の日常的な政治参加の意義を確認する参加民主主義の議論が活発化しました。民主主義とは「参加と責任のシステム」であると する本書からすれば、ようやく民主主義の原点を確認する視点が、再浮上したことになります。

しかしながら、民主主義とは何かを考える本書にとって同じくらい重要なのは、『人間の条件』に先立つ『全体主義の起源』(一九五一年)なのかもしれません。ハイデガーやヤスパースの下で学び、哲学的な研究を行ってきたアーレントが、自らの経験も踏まえ、ドイツのナチスやソ連のスターリン体制を「全体主義」と呼んで批判したこの著作は、同時代的にも大きな反響を呼びました。

ところで、興味深いことに、ナチズムやスターリニズムの話は、『全体主義の起源』の最後の方にならないと登場しません。三部構成ですが、その第一部、第二部はそれぞれ「反ユダヤ主義」と「帝国主義」にあてられていて、第三部になってようやく「全体主義」が主題となるのです。話の舞台も、多くはフランスやイギリス、あるいは東欧やアフリカの植民地などであり、ドイツやロシア（ソ連）に特別の比重があるわけでもありません。この構成が示すのは、全体主義とは何もドイツやロシアの特殊事情によるものではなく、むしろ一九世紀以来のヨーロッパ社会全体の変容によってもたらされたというアーレントの理解なのです。

ハンナ・アーレント

一九世紀のヨーロッパといえば、これまで述べてきたように代議制民主主義の発展期、あるいは黄金期として捉えられることがしばしばです。選挙権が拡大し、ブルジョワや労働者の政党が発展したこの時代は、いわばヨーロッパにおいて階級社会が安定し、それを代表する政党によって議会政治が安定的に営まれた時代といえなくもありません。このようにして成立した議会制が、金融的には金本位体制、国際的には「バランス・オブ・パワー」（勢力均衡体制）によって支えられていたのが、この時代の特徴です。

「モッブ」と民主主義

しかしながら、アーレントが注目するのはそこではありません。彼女が関心を寄せるのはむしろ、そのような階級社会からこぼれ落ちていった人々です。例えば、アーレントはしばしば「モッブ」について言及します。「モッブ」とは、彼女によれば、階級社会の脱落者であり、「余計者」として社会から排除された人々です。このような人々は必ずしも社会の下層階級出身とは限りません。上層階級出身であっても、何らかの事情でそこから逸脱し、階級社会のうちにしかるべき位置を占めることができなければ「モッブ」になります。

「モッブ」は、自分たちを締め出した社会に対し鬱屈した思いをもち、しばしば社会常識に対して反逆的な立場をとりました。そこから冒険家や投機家だけでなく、犯罪者や詐欺師、山師になる人も現れました。彼らは反議会主義的な姿勢をみせることがしばしばありましたが、それは自分たちを代表しない議会を憎んだからでした。

本国で食いあぶれた「モッブ」たちは、植民地にも流出しました。帝国主義は過剰になった資本と同時に、過剰になった人間のはけ口を海外に求めたのです。植民地を多くもつ英国の場合、資本が「モッブ」を使ってこれを経営したことになります。そこには資本と

「モッブ」の奇妙な同盟がみられました。アーレントが事例として取り上げるのは、南アフリカでダイヤを掘り当て、一躍富豪となって植民地経営者となったセシル・ローズです。「星さえも併合したい」という彼の有名な言葉は、「モッブ」の無軌道さや無制約さを示していました。

「モッブ」の人々は、反ユダヤ主義や人種主義の思想に好んで飛びつきました。一人ひとりの人間ではなく、人種という個人の力ではどうにもならないカテゴリーによって人間を捉え、差別することは、自己の優越を確認する手っ取り早い手段であったのです。ナチスの初期指導者層を供給したのも、この「モッブ」でした。

しかしながら、アーレントが意図したのは、「モッブ」の人々を批判することではありません。むしろ、一九世紀のヨーロッパの階級社会が、「取り残され」、「見捨てられた」人々を生み出したこと、それ自体を強調するのが彼女の意図でした。そして伝統的な階級社会が解体した二〇世紀において、そのような人々が大量に出現するようになります。とくに二〇世紀初頭における東欧の旧帝国の解体は、自らを守ってくれる国家を失って、国境を越えて流出した多くの人々をかつてない規模で生み出しました。国家を失った人々は、最低限の人権を保障されることとすらなく、各地を放浪します。このように、一九世紀末から二〇世紀にかけて、社会からも国民国家からも排除された人々が大量に出現したこと、そして議会制民主主義はそのような人々の救いとなるどころか、むしろ憎しみの対象になったことをアーレントは重視したのです。

自分が所属する集団をどこにもみつけられない人々にとって、代議制は欺瞞以外の何ものでもありません。自分は代表されていない、自分の声はどこにも届いていないと感じる人々が大量に出現するとき、そのような人々は議会制民主主義を見捨て、むしろ自分たちを導く強力な指導者を求めるのです。あたかも今日のポピュリズムを思わせる現象が、二〇世紀の前半にすでにあったことを、アーレントの著作は示しています。二〇世紀の後半は、経済成長と福祉国家により、このような傾向をいったんは食い止めましたが、グローバル化により格差が拡大する今日、あらためて問題が再帰しているのかもしれません。

ロールズの『正義論』

一九七一年、アメリカの政治哲学者ジョン・ロールズは『正義論』を発表します。この著書は「政治哲学の復権」をもたらし、正義をめぐる検討を再び現代社会における重要な主題にしました。このことを民主主義論の視点から、どのように捉えるべきでしょうか。

ちなみにロールズは、大学卒業後、第二次世界大戦における対日戦に参加しています。死線をさまよい、戦友を失うと同時に自ら傷を負ったロールズは後年、そのことについて思索を深めることになりました。友人は死に、自分は生き残りましたが、その違いを生んだのはわずかな偶然です。人の運命を決めるのは、本人の責任だけではありません。そこからロールズは、どうすれば人々を道徳的に平等な存在とした上で、社会的協働を実現できるかを考えました。その思索においては、自由かつ平等な存在が等しく遇される秩序ある社会とは何か、が重要なポイントになりました。

ジョン・ロールズ

ロールズが『正義論』を執筆する際に対抗しようとしたのは、功利主義の伝統です。社会全体の効用を最大化しようとする功利主義に対し、ロールズは人格の個別性を重視しました。「最大多数の最大幸福」ではなく、一人ひとりの人間の人格にこだわったのです。人格の複数性を重視する点において、ロールズの関心はアーレントとつながるものをもっていました。何を善と考えるかは人によって多様です。しかし、多様な善の構想を抱く人々が、公共的な仕方で正義のルールを承認すれば、多様性と秩序を両立させることが可能なはずです。このことを論証するのが『正義論』の課題でした。

この課題に応えるため、ロールズは社会契約論の伝統に注目します。社会契約論においては、社会が成立する以前に個人が置かれた状態を自然状態と呼びましたが、ロールズはこれを原初状態と言い換えます。この原初状態において、人々は「無知のヴェール」をかけられ、自分の性別や年齢、資産や能力などの属性がわからなくなります。そのような状態において、理性ある人間たちはいかなる正義のルールになら合意しうるか。このような、いわば思考実験によって示されるのが、正義の二原理です。

具体的には、平等な自由を掲げる第一原理と、公正な機会均等の下、もっとも恵まれない人の境遇を最大限に改善する限りで格差は認められる（不平等が正当化されるのは、それがもっとも恵まれない人の利益になり、その人の視点からみても受け容れられるときに限られる）という第二原理です。人は自分がもっとも不利な条件で生まれ落ちる可能性を考えたとき、この原理を選ぶはずだというのがロールズの主張でした。

しかしながら、民主主義論として『正義論』を読む上で重要なのは、このようにして導かれた正義の二原理を、私たちがもつさまざまなレベルの道徳的判断と整合させていくことです。これをロールズは反省的均衡と呼びますが、単に一定の条件の下、合理的に正義の原理を演繹《えんえき》するだけでなく、それを一人ひとりの個人が自らのものとしていくことが大切なのです。もし正義の原理が自分のいま抱いている道徳的判断と食い違うなら、正義の原理のシミュレーションをやり直すか、自分の道徳的判断を疑ってみるしかありません。この繰り返しをロールズは強調したのです。

ここで注目すべきは、ロールズが正義感覚と呼ぶものです。正義感覚とは、正義にかなったルールに基づいて、他者を配慮して行為することへの感覚もしくは能力のことです。ロールズはこの感覚もしくは能力を人々が涵養《かんよう》していくことを重視しました。言い換えれば、自分の考える善を絶対化するのではなく、それとは異なる考えの持ち主がいることを認め、その上でなお合意できる妥当な原理を、私たちが共同して見出していくことが重要だったのです。『正義論』から後年の『政治的リベラリズム』（一九九三年）へと議論を展開していくなかで、この視点はさらに民主的社会における公共的な政治文化として発展しました。

このようなロールズの議論は、学問的意義に止まるものではありません。ロールズが前提とするのは、政治的、宗教的、あるいはいかなる理由であれ、互いに相容れないと考える価値観や世界観の対立です。対立する双方が、相互に自分が正しいと主張して譲らなければ、議論は分極化するばかりです。必要なのは、それぞれの価値観や世界観を前提に、それでもともに一つの政治社会をつくっていくための公正な手続きです。そのための合意の思想的な基礎を考えようとしたのが、ロールズの『正義論』でした。

財産所有の民主主義

ロールズの『正義論』については、もちろんそこで示された正義の二原理が重要です。しばしば注目されるのは第二原理、とくに、もっとも恵まれない人の境遇を最大限に改善する限りで格差は認められるという格差原理でしょう。財の配分パターンは、社会のなかでもっとも不遇な人々の生の見込みを、可能なかぎり最大化するものでなければなりません。もしもっとも不遇な人々の尊厳が否定され、絶望するような財の配分パターンであるならば、それを認めるわけにはいかないのです。しかしながら、この原理は、実質的な財の配分パターンを、完全に平等にすることを意味しません。ロールズは社会主義者ではないのです。

その意味で、ロールズが第一原理として平等な自由、そして第二原理において機会均等を掲げていることの意味を見落とすわけにはいきません。ロールズはこの順序を重視しています。言い換えれば、まずは平等な自由が大切であり、これが実現されている限りで第二原理の達成が目指されるのです。平等な自由を損なってまで、あるいは第二原理でいう公正な機会均等が制限されてまで、格差の是正が目指されるわけではありません。

ロールズはむしろ、不平等の存在を認めているともいえます。例えば、高度な技能をもつ人が所得などの面で優遇されることは当然とされます。その技能が社会全体にとって有益であるとすれば、そのような技能をもつ人を優遇することは正当化されるのです。逆に、その優越的な地位が、社会全体にもたらすものと比べて不当に高いものであれば、それは批判されてしかるべきです。ロールズが重視したのは、いかなる不平等がどこまで認められるべきか、ということでした。

しかし、それでもなお、ロールズが、市民の自尊心や、自分を価値ある存在として捉える感情を毀損《きそん》するような政治的・経済的不平等を認めなかったことは重要でしょう。市民の人格的独立を損なうような不平等を認めるわけにはいかない、この原則は、民主主義論にとっても死活的に重要な意味をもちます。人々が相互に自由で平等な人格をもつものとして協働するような秩序を構想するにあたって、もし政治的・経済的不平等がいかなる制約も受けないならば、そのような秩序は持続しません。

ロールズは現実の福祉国家については、むしろ批判的でした。社会的なミニマムは保障するものの、もっぱら事後的な再分配に終始するならば、受動的な市民を生み出すばかりです。さらに福祉国家型の資本主義は、不動産における非常に大きな不平等を許容します。ロールズはこれに対して「財産所有の民主主義」を訴え、富と資本の所有を分散させ、事前の分配を重視する政策を主張しました。「適正な程度の社会的・経済的平等を足場にして自分自身のことは自分で何とかできる立場にすべての市民をおく」ことを重視したのです（『公正としての正義　再説』田中成明他訳、岩波現代文庫、二七八頁）。ロールズはとくに、教育を通じての人的資本の所有の確保を強調しています。

一般に福祉国家型のリベラリズムを擁護しているとみられがちなロールズですが、むしろ福祉国家の現状を批判して、さらに踏み込んで「財産所有の民主主義」を主張していることは、民主主義の現在を考える上でも重要であるといえるでしょう。その内容が十分に具体化されているとはいい難いものの、ピケティの「世界的な資本課税」の議論と合わせ、富と資本の所有の集中をいかに防止するかという課題を考える上で非常に示唆的です。

第五章　日本の民主主義

1　民主主義の成立へ

出発点はどこに

　本書は、世界における民主主義の思想と歴史を再検討するものですが、最後に日本の民主主義についても短く触れておきたいと思います。とはいっても、日本における民主主義の出発点はどこで、その発展の何に画期を見出すかについて、けっしてコンセンサスがあるわけではありません。ここまでみてきたように、古代ギリシアから近代西欧、そして世界へと拡大していった民主主義の歴史については、これを批判し、相対化しようとする動きがあるものの、依然として議論をする上での一定の共通理解が存在します。これと比べると、日本の民主主義の場合、何を基準にして議論をすべきか、良きにつけ悪しきにつけ、共通の土台となる枠組みがありません。

　その気になれば、日本の歴史のあちこちに、自治的な集会の実践を見出すことが可能でしょう。大和朝廷が成立するはるか以前の時代から、たとえば縄文時代の集落のうちに、その痕跡を見出すことができるかもしれません。時代は下りますが、守護の富樫《とがし》氏を追放し、一世紀近くもの間、「百姓のもちたる国」を実現した加賀の一向一揆に注目することも可能です。城壁の代わりに堀を深くめぐらし、会合衆と呼ばれる商人たちによって自治都市を構築した堺も重要なポイントになりえます。さらに村ごとに年貢を納める江戸時代の村請制度についても、どれだけ身分制的な制約があったにせよ、一定の自治の契機を見出すことができるでしょう。

平等をめぐる思想についても、多様な「起源」を見出せます。聖徳太子（厩戸皇子）によるとされる『十七条憲法』における、「和をもって貴しとなす」に注目する人がいるかもしれません。天台本覚思想における「草木国土《そうもくこくど》悉皆成仏《しっかいじょうぶつ》」の理念に、草木一本一本はもちろん、あらゆる人間の根源的な平等性を見出すことも可能でしょう。このような理念は、比叡山に学んだ法然、親鸞、栄西、道元、日蓮などの鎌倉新仏教によって日本社会の基層にまで広がります。弾圧されたものの、織豊政権から江戸幕府成立期におけるキリシタンの影響も無視できません。

しかし、本書で確認してきた枠組みからすれば、もう少し、議論の焦点を絞ることが求められます。第一章で検討したように、古代ギリシアにおける民主主義の「誕生」に先立ち、狭義の「政治」の確立がみられました。この場合の「政治」とは、公共的な議論による意思決定、すなわち、公共の場所において人々が言葉を交わし、多様な議論を批判的に検討した上で決定を行うことを指します。「政治」は自覚的な営みであり、力による強制や利益誘導などと明確に区別されるべきものでした。もし民主主義の確立に先立ち、このような意味での「政治」の成立が不可欠であるとすれば、日本においてどの時代にこれを見出すことができるでしょうか。

五箇条の御誓文と明治の政党政治

一つの焦点となりうるのは、幕末における「公論」をめぐる議論の盛り上がりでしょう。「五箇条の御誓文」における「万機公論ニ決スベシ」という条文は、「広ク会議ヲ興シ」という言葉と合わせ、公共的な議論による意思決定の理念を高らかに掲げるものでした。この御誓文を起草したのは福井藩士由利公正《ゆりきみまさ》であり、これを土佐藩の福岡孝弟《ふくおかたかちか》、長州藩の木戸孝允《きどたかよし》が加筆・修正しました。その背景には、由利とともに福井藩政改革を行った横井小楠《よこいしょうなん》の「公論」の思想があったとされます。

小楠は英国の議会政治や、アメリカの大統領制など、世界の政治のあり方について、深い知識と洞察をもっていました。しかしながら、彼が「公論」を強調し、人々の開かれた討論による政治を理想としたのは、必ずしも西洋社会についての知識によるものではありません。朱子学者であった小楠はむしろ、宇宙を貫く天の「理《ことわり》」の存在を確信していま

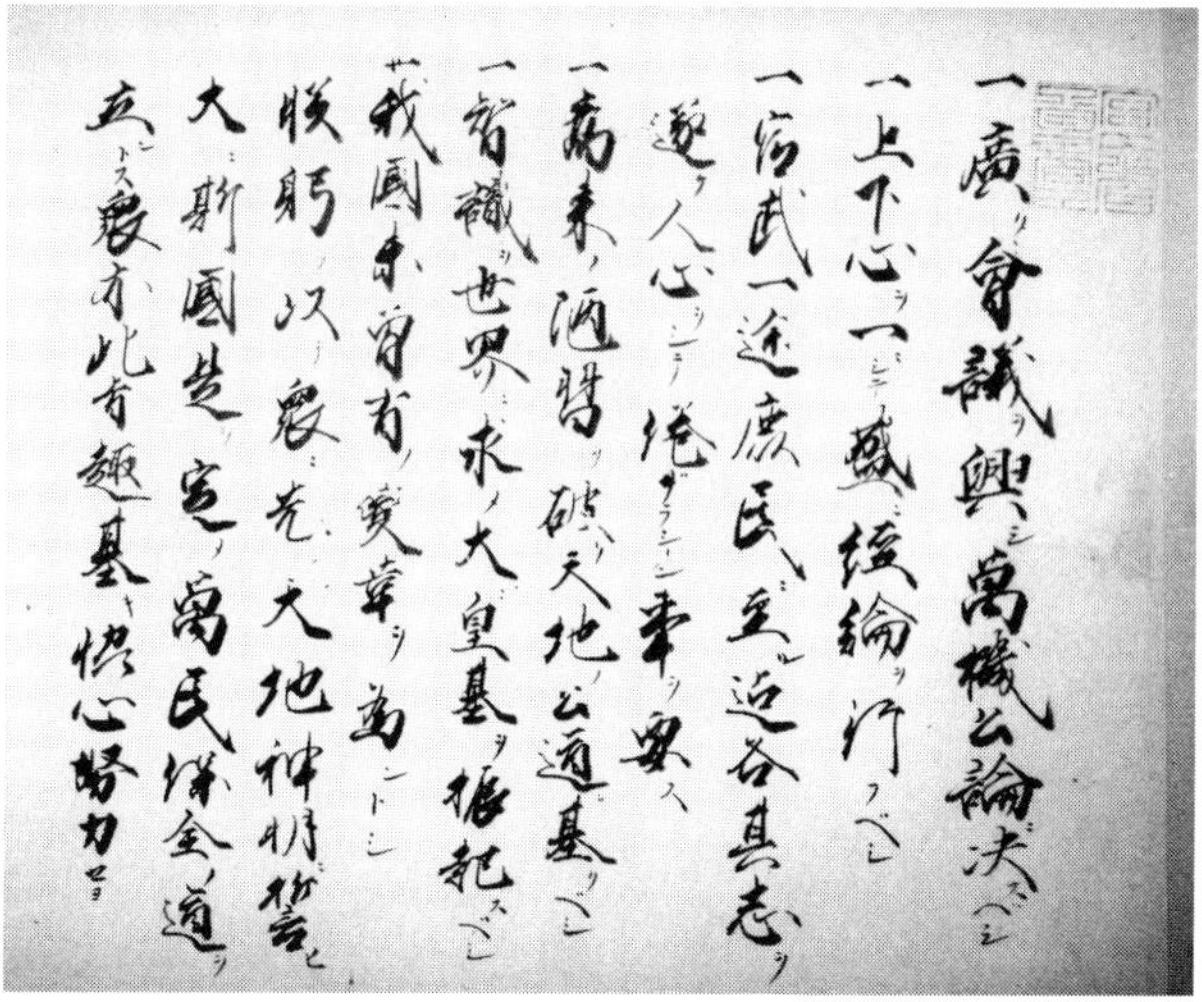

一廣ク會議ヲ興シ萬機公論ニ決スヘシ
一上下心ヲ一ニシテ盛ニ經綸ヲ行フヘシ
一官武一途庶民ニ至ル迄各其志ヲ遂ケ人心ヲシテ倦マサラシメン事ヲ要ス
一舊來ノ陋習ヲ破リ天地ノ公道ニ基クヘシ
一智識ヲ世界ニ求メ大ニ皇基ヲ振起スヘシ
我國未曾有ノ變革ヲ為ントシ朕躬ヲ以テ衆ニ先ンシ天地神明ニ誓ヒ大ニ斯國是ヲ定メ萬民保全ノ道ヲ立ントス衆亦此旨趣ニ基キ協心努力セヨ

1868年3月に発表された五箇条の御誓文。有栖川宮幟仁親王筆。

した。そのような「理」は人間性にも備わっており、求められるのは、そのような「理」を討論によって明らかにすることでした。幕末の状況にあって小楠は、身分を超えた公共の討論によって政治を改革することを目指したのです。それは朱子学的な発想が、西洋的な「政治」にもっとも接近した瞬間だったといえるでしょう。小楠は明治維新直後に非業の死を遂げていますが、身分を超えた公共の討論という彼の思想は、下級士族の主導によって実現した明治維新以降の政治にたしかに影響を与えました。

政治思想史家・精神史家であった藤田省三は、『維新の精神』において、幕末における「処士横議《しょしおうぎ》」と「浪士横行」に注目しています。ペリー来航以来、幕府による「国論の統一」は脆くも崩れ、有効な対策を取れずにもたつく幕府を尻目に、人々は独自の提案を行うようになります。意見が上役に取り上げられ、藩主や藩中枢による最終的な決定を待つのではなく、多様な言説が勝手に展開したのです。やがて「横議」は「横行」ももたらしました。藩士は脱藩し、藩の境界を越えて、全国の浪士と交流するようになったのです。「かくして「身分」によることなく「志」のみによって相互に判断し結集する「志士」が生れ、それは紆余曲折を経ながらも、ネイション・ワイドの連絡を曲りなりにも作ることとなった」（『維新の精神』藤田省三著作集4、みすず書房、五頁、強調点は原文ママ）。このような横の連帯こそが、明治維新を推進する力となったという藤田の議論には、注目すべきものがあります。

このように考えれば、一八九〇年に第一回が開かれた帝国議会も、それが突然生じたものではないことは明らかでしょう。不平等条約の改正を目指す以上、欧米的な政治制度を導入する必要があったことはたしかですが、日本の議会制導入をそのような外交上の要請にのみ帰することはできないはずです。さらに自由民権運動の高まりを前に、明治十四年の政変で大隈重信を追放した明治政府が、運動の先鋭化を抑えるために、苦し紛れに国会開設を約束したと理解するのも皮相的です。議会制の導入は、まず何よりも、明治維新を支えた重要な原理の所産として捉えるべきでしょう。

政治史家の三谷太一郎は、以上を前提に、近代日本における議会制と政党政治を分析しています（『日本の近代とは何であったか』）。明治憲法体制は、表面的には天皇主権を掲げ、集権的で一元的な外観を呈する一方で、実際にはさまざまな機関の相互抑制均衡のメカニズムが強く働き、分権的で多元的な実質をもっていました。幕府的存在を恐れた明治憲法は、権力分立の性質を強くもち、権力を最終的に統合する制度的な主体を欠いていたのです。このため、初期は藩閥が体制を統合する機能をはたしましたが、その藩閥をもってしても衆議院の掌握は困難でした。逆に台頭しつつあった政党の側でも、衆議院の多数だけでは権力の獲得に至りませんでした。

結果として、藩閥と政党が相互に接近し、やがて伊藤博文を初代総裁とする立憲政友会と、桂太郎が組織化した立憲同志会から立憲民政党に至る二つの系列をもつ複数政党制が確立します。最終的には、不十分ではあれ、政党が明治憲法体制を統合する機能を担うことになりました。三谷は「議論による統治」という理念が福沢諭吉らの知識人を動かし、明治憲法体制の権力分立的性格もあって、最終的に議会制と複数政党制による政党政治をもたらしたと説きます。

このようにしてみれば、幕末の「公論」の理念に「政治」の契機を見出し、明治憲法体制における議会制と複数政党制による政党政治に、その一定の制度化をみることが可能でしょう。その意味で、近代日本において、少なくとも一度は「政治」の成立をみたのです。

吉野作造の「民本主義」

もちろん「政治」の成立は、直ちに民主主義の実現を意味するわけではありません。「政治」の成立を受け、政治的な議論が少数の特権者だけではなく、伝統的なしがらみから解放された多数の市民の政治参加が広く制度化されることによって、民主主義ははじめて可能になります。それでは、「参加と責任のシステム」である民主主義は、日本においてどのようにして発展していったのでしょうか。

有名な吉野作造の論文「憲政の本義を説いて其有終の美を済すの途を論ず」が発表されたのは、一九一六年のことです。雑誌『中央公論』に掲載された論文であり、三年にわたって欧米諸国に留学した吉野の知見が盛り込まれた、かなり読み応えのあるものです。この論文が大きな社会的反響を呼んだのは、やはりそこにある「民本主義」という言葉のインパクトによるところが大きいでしょう。

吉野は日本における憲法に基づく政治、すなわち立憲政治（憲政）の確立を前提に、さらにこれを完成するために、「民本主義」の実現を訴えます。デモクラシー（democracy）を「民主主義」ではなく、あえて「民本主義」と訳したわけですが、実をいえば、この訳語をはじめて用いたのは吉野ではありませんし、吉野自身、後年はむしろ民主主義という言葉を使うようになります。それなのになぜ、吉野の論文が注目されたのでしょうか。

吉野によれば、デモクラシーには、二つの意味があります。一つは国家の主権が人民にあるとする学説であり、これは君主主権をとる日本にはあてはまらないとします。これに対し第二の意味、すなわち「一般民衆の利益幸福並びにその意向に重きを置く」（一部、漢字を修正）という政権運用上の方針こそが、現代の日本にとって重要だと吉野は説きます。これもさらに二つに分けることができて、政治の目的が「一般民衆の利益幸福」にあることと、政策の決定が「一般民衆の意向」に拠ること、すなわち政治の目的と政策の決定がともに一般民衆に基づくことが強調されています。このような趣旨に基づき、普通選挙と政党政治の導入を訴える吉野の議論は、天皇の主権の下で、可能な限りラディカルな変革を目指すものでした。

吉野作造

吉野の論文が話題を呼んだのは、論文の内容もさることながら、時代の精神と深く連動するものであったからではないでしょうか。日露戦争は、時代を大きく転換する画期となりました。その勝利は、明治以来の日本の近代化の課題がある程度実現したという認識を人々に与え、この時期に政治や社会の指導的世代が交代していきます。さらに、日比谷焼打事件にみられるように、「民衆」の運動が可視化したのもこの時期です。その担い手は「旦那衆」と呼ばれる旧中間層にとどまらず、職人、商人や店員など都市の下層階級までが含まれていました。彼らの運動はしばしば過激な破壊行為を伴った一方で、一九一三年には第一次憲政擁護運動で桂太郎内閣を打倒し、米騒動があった一九一八年には、「平民宰相」と呼ばれた原敬《たかし》を首班とする、初の本格的な政党内閣が実現する原動力ともなりました。吉野の論文は、まさにそのような時代の只中にあって書かれたものでした。

一九二四年には第二次憲政擁護運動によって、護憲三派による加藤高明内閣が実現し、その手によって翌年、男子普通選挙法が成立しました。民衆による運動は東京だけで起きたのではなく、この時期、名古屋、京都、神戸といった大都市や、さらに地方中小都市においても、さまざまな住民運動や労働運動が発生しています。このような時代を背景に、吉野の民本主義をめぐる議論が登場したわけです。ここに日本における民主主義の一つの画期を見出すことができるでしょう。

総力戦と戦後改革

しかしながら、戦前に実現した政党政治が長く続かなかったこともたしかです。「二大政党制」の時代は、一九二五年から三二年にかけての短い期間に過ぎません。海軍青年将校らが首相官邸を襲い、犬養毅《いぬかいつよし》首相を射殺した五・一五事件によって、戦前の日本における政党政治は早くも終わりを迎えました。

この時期、世界恐慌の影響を受けた日本では、都市・農村のいずれにおいても多様な社会問題が起きていました。これに対し、日本の政党政治は十分に対応することができず、むしろ政治の腐敗に対する国民の反感が募りました。政党政治が十分に機能しえなかった背景には、社会運動が治安維持法などによって弾圧されたこと、社会民主主義政党である社会大衆党の躍進がみられたものの、自由主義的であった民政党と連携できなかったことがあります。さらに、そもそも組織化が進まず、いずれの政党も社会に深く根を下ろすことができなかった点も指摘できるでしょう。

結局、日本において拡大する格差と不平等を是正することになったのは、皮肉なことに総力戦体制（国家総動員体制）でした。すでに触れたピケティが指摘するように、この時期、世界的にみても不平等が縮小しますが、その大きな要因の一つは、全国民を戦争へと動員する総力戦体制でした。第二次世界大戦への参加は、文字通り、国民の総力を結集することを必要としました。その実現のために、障害となる政治的・経済的・社会的諸制度の改革が強行され、旧来の支配的な仕組みが解体されました。格差や不平等も、ある程度、平準化されることが求められたのです。結果として、社会や組織の近代化や平等化が進みました。ここにも古代ギリシア以来の、戦争と民主主義の不思議な結びつきが見て取れるでしょう。

一九四五年八月、日本は連合国に対しての戦争に敗れ、九月二日に米戦艦ミズーリ号の上で、降伏文書の調印式が行われました。アジアの人々約二〇〇〇万人、日本人約三〇〇万人の命を奪った悲惨な戦争の終わりでした。日本は植民地を失うとともに、以後、一九五二年四月に至るまで、米国を中心とする連合国の占領下に入ります。この占領下における改革によって、婦人参政権の実現、労働組合結成の奨励、学校教育の民主化、秘密警察等の廃止、国家と神道の分離等が矢継ぎ早に実現しました。さらに経済を民主化するため、財閥解体と農地解放が実行されました。

財閥解体と農地解放の程度や効果については、今日なお議論があります。それでも、民主主義成立の画期をクレイステネスの改革に見出した本書の視点からすれば、ここにようやく、基層的な水準にまで及ぶ日本社会の民主的再編が実行されたことが重要でしょう。

2　戦後民主主義の行方

日本国憲法の文明史的意義

日本国憲法についてここで深く触れる余裕はありませんが、その内容は、ジョン・ロックの『統治二論』や、トーマス・ジェファーソンらの米国独立宣言の流れを汲む、世界におけるきわめて正統的な民主主義思想を体現するものであることは間違いありません。同時に、戦前の日本において、限定的にではあれ実現した立憲主義と民主主義の遺産を受け継ぎ、これを発展させる決意を示すものでもあります。結果として、日本国憲法は、基本的人権と国民主権を中核とする日本の戦後体制の基礎を固める根本原則を示しました。同時にそれは、「五箇条の御誓文」に続く、日本の政治体制に精神的な背骨と一貫性を与える、根本的な政治的文書となったのです。

さらに日本国憲法は、「正義と秩序を基調とする国際平和」をその前文に掲げています。また、その実現のため、国権の発動としての戦争と武力行使を放棄し、陸海空軍の不保持と国の交戦権の否定を規定する第九条を採用しています。この平和主義は、第一次世界大戦後に多国間で締結され、国際紛争を解決する手段として戦争を放棄した不戦条約（ケロッグ＝ブリアン条約、パリ不戦条約）の理念に基づくものです。戦前からの国際協調主義の枠組みに日本を位置づけるものとして重要であるばかりでなく、明治憲法のアキレス腱であった「統帥権の独立」を克服し、日本国家の非軍事化を確定するものとして大きな意味をもちました。

すでに指摘したように、戦前の日本の政治体制の弱点は、体制を最終的に統合する制度的な主体を欠いた点にありました。この統合機能を初期は藩閥が、やがて政党がはたそうとしたわけですが、それを妨げたのがこの体制の著しい「権力分立」でした。とくに昭和期において、軍部は「統帥権の独立」を、検察は「司法権の独立」を盾に、政党政治を揺さぶりました。文民統制（シヴィリアン・コントロール）は、古代ギリシア以来発展してきた重要な政治的伝統です。軍事力を背景とする勢力によって政治権力が制圧されることを防止する「国家の非軍事化」が、日本においてもついに実現をみたことは、民主主義を考える上で決定的に重要でした。このように、さまざまな意味において、日本国憲法は世界史における文明史的な意義をもつものでした。

戦後民主主義とは何か

戦後日本に花開いた民主主義についても、詳しく述べる紙幅は残されていません。戦争に敗れた日本の国土は荒廃し、人々の生活は困窮を極めました。それでも敗戦直後の日本に、ある種の明るさを見出す人は少なくありません。すでに触れた藤田省三は、「国家(機構)の没落が不思議にも明るさを含んでいる」(『精神史的考察』一九一頁)ことの発見を、戦後経験の第一の要素として指摘しています。戦前から戦時中にかけて、人々の精神に重くのしかかった国家の存在が取り除かれた結果、人々は貧困と欠乏にもかかわらず、ある種の自由や解放感を感じたのです。このような感覚こそが、戦後民主主義の基底にあったといえるでしょう。

丸山眞男

本書の第二章で、フクヤマやアセモグル/ロビンソンの議論を紹介しました。彼らは、中央集権化する国家に対し、社会の側に国家の要求に対抗する勢力が組織化されない限り、自由な政治制度の発展はなかったと主張しました。これに即してみれば、敗戦によって日本はようやく、国家の一元的な支配に対する抵抗の根拠を見出したといえるかもしれません。強い反戦感情とともに、国家への旺盛な批判精神こそが、戦後民主主義の特色となりました。

このような戦後民主主義の最大の理論家とみなされたのが、政治学者の丸山眞男であったことは衆目《しゅうもく》の一致するところでしょう。江戸時代の儒学を専門とする日本政治思想史の研究者である丸山が、論壇誌に一般の読者向けの文章を書くようになったのは、やはり戦後社会における価値の転換と無縁ではなかったはずです。

伊藤仁斎や荻生徂徠らの思想に、「自然」と「作為」、あるいは「外面」と「内面」の分離を読み込んだ、きわめて抽象的な理論的志向をもつ思想史家が、軍国指導者の精神を分析するに至ったことは、軍隊での経験と密接にかかわっていたはずです。そこで丸山は、もしアカデミズムにとどまっていれば出会わなかったであろう、多様な社会階層の人々と遭遇しました。丸山が日本の組織にみられる「抑圧の移譲」や「無責任の体系」を発見したことは、戦後民主主義の問題意識に一つの方向性を与えるものでした。

丸山の示唆するところによれば、日本に民主主義を確立する上では、国家はもちろん、社会の多様なレベルにおける人々の精神構造や人間関係のあり方にまでメスを入れ、日本社会を根本的に変革することが不可欠です。このような変革の志向がどこまで現実を変えたかはともかく、戦後民主主義の一つの理論的基礎を提供したことは間違いないでしょう。

敗戦によって世代交代が進んだことも無視できません。敗戦直後に「三等重役」という言葉が流行しました。源氏鶏太原作の小説とその映画化に由来しますが、前社長が戦争協力者として公職追放された結果、思わぬ人物が取締役や社長になったことを指します。オーナー社長ではない、一般の社員とさほど変わらない人間が社長になるこの映画がヒットしたことは、この時代の感覚をよく示しているといえるでしょう。戦前の日本の会社では、学歴に基づいて、正社員と雇員の区別がありましたが、戦後には一括してサラリーマンと呼ばれるようになります。戦前社会において支配的な位置にあった人々が退き、結果として職場の平等化が促進されたのです。

政治についても、のちに総理大臣になる池田勇人や佐藤栄作は、いずれも戦前の官僚時代に病気や左遷などの不遇を経験し、それゆえに公職追放を免れています。結果として、空いた次官のポストにつき、やがて政党政治家への道を歩むことになったのは、「三等重役」と通じるものがありました。彼らは元々エリートでしたが、少なくとも有力政治家の間で世代交代が起き、それまでなら政界と縁がなかったような人物が選挙の洗礼を受けたことはたしかです。あるいは、そのこと自体が戦後民主主義の一側面を暗示しているかもしれません。国家からの解放感、精神構造にまで踏み込んだ改革志向と批判精神、世代交代の促進と平等化が、戦後民主主義の大きな内実となりました。

戦後民主主義の変質と残された改革

政界における新たな人材の活躍に関して、特筆すべきは田中角栄でしょう。高等小学校卒業の学歴しかもたない田中が、土建企業を足がかりに政界に進出し、衆議院議員からやがて総理大臣にまで上り詰《つ》めたことは、ある意味で戦後社会がもたらした社会的流動性の象徴であったかもしれません。有力な家庭的背景もなければ、学歴や官歴もない田中が首相の座に就いた際には、「今太閤」と呼ばれ、大きなブームを巻き起こしました。同時に田中は、新人議員以来、議員立法の提案の多さでも知られました。日本の近代化と産業化の恩恵が及びにくい雪国の選挙区から選出され、衆議院を舞台に産業政策や国土計画を主導し、多くの官僚たちをも使いこなした田中の政治手法は、日本における「立法権の時代」を実現したといえるでしょう。

ただし、フランス革命以来の「立法権の時代」が一般性をもつ立法によって推進されたとすれば、田中の政治は、公共事業を中心とする、あくまで個別的・選別的な財政出動を特徴としていました。それが結果として、日本全体の基礎的なインフラストラクチャーを整備したことが事実としても、他方において、田中政治が利権誘導による集票活動と不可分だったことも明らかです。田中から竹下登へと至る田中政治の全盛は、やがて戦後民主

首相になってはじめて出身地の新潟を訪れた田中角栄（中央）。飛行機から降りた途端、出迎えの人たちに取り囲まれる。1972年12月12日　写真提供：共同通信社

主義の利権誘導政治への変質をもたらしたのです。

一九八八年に発覚したリクルート事件は、翌年には竹下内閣の総辞職につながり、日本政治は大きな転換の時期を迎えました。冷戦の終焉を迎えた世界において、日本における一九八九年は、昭和天皇の崩御による昭和の終焉と、リクルート事件をきっかけとする政治改革の時代の始まりを告げたのです。

一九九〇年代以降は、日本の政治制度を大きく転換する改革が続きました。一九九四年の政治改革四法の成立による選挙制度改革、一九九八年の中央省庁等改革基本法に基づく内閣機能の強化と省庁再編による行政改革、そして一九九九年の地方分権一括法制定

による地方分権改革が続きました。この間、司法制度改革や中央銀行改革が進んだことと合わせて考えるなら、政治学者の待鳥聡史《まちどりさとし》が主張するように（『政治改革再考』）、九〇年代以降の政治改革は、明治期における近代立憲国家の建設や、敗戦後の占領改革と並ぶ広がりと意義をもつ、日本の公共部門の大改革であったといえるかもしれません。

もちろん、現状では、この大改革が結実し、日本の民主主義が大きくバージョンアップしたとはいえません。そこには各領域での改革の間に相互の不整合があり、思わぬ結果を生み出したという側面があるかもしれません。また、それぞれの改革についても、当事者たちの思惑から、本来の意図やねらいから乖離《かいり》し、期待された効果を生み出していない可能性もあります。いずれにせよ、日本の民主主義を進化させるための政治改革は、いまだに完成することなく、未完のプロジェクトとして残されたままです。

日本の民主主義の未来

本書の視座からいえることは、現代日本において、公共的な議論による意思決定としての「政治」と、「参加と責任のシステム」としての民主主義を、いよいよ本格的に作動させる必要があるということです。

一九九〇年代以降の政治改革により、連立政権の時代が到来したことは間違いありません。現在までをみる限り、平成における日本の政治は、一九九三年に成立した非自民・非共産の八党派による細川護熙《ほそかわもりひろ》の連立政権、一九九四年から九八年までの自民党・社会党・新党さきがけの連立政権、および二〇〇九年以降の民主党・社民党・国民新党の三党による連立政権を例外とすれば、そのほとんどの期間を自民党と公明党（および、一時期は自由党）による連立政権によって運営されています。この期間を通じて、はたして国民の政治参加は拡大したのか、政治権力に対する責任追及が強化されたのか、大いに検証されるべきでしょう。

現状は楽観を許しません。その顕著な表れは、投票率の低下です。二〇一五年六月、改正公職選挙法が成立し、選挙権年齢が一八歳に引き下げられました。日本で選挙権が拡大されるのは、完全普通選挙が導入された一九四五年以来のことですが、背景にあるのは若者の低投票率です。

世代別の投票率をみると、衆議院選挙における二〇代の投票率は三〇％台を推移しています。少子高齢化の進行によって、全有権者における若者の割合が下がっていることに加え、その投票率が低いこともあって、若者の意見が政治的に代表されにくい状況が続いています。若者と比べれば高齢世代の投票率は高いものの、それでも全体としての投票率は、国政選挙ですら、五割前後にとどまっています。かつて安定して七〇％を超えていた時代を思えば、投票率の低下は明白です。

二〇一九年の参議院選挙を前に、特定非営利活動法人である言論NPOが行った世論調査（http://www.genron-npo.net/politics/archives/7292.html）によれば、「日本の代表制民主主義の仕組みを信頼しているか」という問いに対し、「信頼している」と回答した人は（「どちらかといえば信頼している」を含む）、三二・五％に過ぎません。実に三分の一の人しか、自らの選んだ代表による民主主義のあり方を評価していないことになります。二〇代と三〇代はさらに深刻であり、現状の代議制民主主義を「信頼している」という人は、二〇・二％、一四・二％にとどまります。

このような投票率、および代議制民主主義への信頼の低下の背景にあるものは複雑であり、ここで本格的に分析することはできません。いずれにせよ、戦後日本の民主的政治体制の有効性について、根本的な疑念が拡大していることは間違いないでしょう。日本の民主主義が危機的状況にあることは明らかです。

その一方、日本の民主主義の歴史を振り返れば、深刻化する社会の諸課題に対し、政治が有効に対応しきれないとき、不満が蓄積すると同時に、新たな民主主義への胎動が加速してきたことがわかります。既成の代議制民主主義の回路が機能不全を起こすとき、「横議」と「横行」への模索が再び始まるのかもしれません。人々は勝手に議論を交わし、組織や国境を超えた結集を求めるでしょう。そこに新たな「公論」の可能性を見出したとき、事態が大きく動き始めるはずです。

いまや旧来の価値観が大きく崩れ、それがまだどれだけ微《かす》かなものであれ、「不思議な明るさ」がみえ始めているのかもしれません。その薄明のなかに、新たな民主主義の姿を見定めるべきです。

結び　民主主義の未来

本書を結ぶにあたって、「はじめに」で示した問いかけに対する答え合わせをしたいと思います。

多数決と少数派の尊重

一つ目は多数決をめぐる問いかけでした。

A1「**民主主義とは多数決だ。**より多くの人々が賛成したのだから、反対した人も従ってもらう必要がある」

A2「民主主義の下、すべての人間は平等だ。多数派によって抑圧されないように、**少数派の意見を尊重しなければならない**」

多数決という慣行そのものは、民主主義の歴史とともに古いものです。例えばアテナイの民会において、広場における討議が尽きると採決に入りました。特別な場合は無記名秘密投票が行われましたが、ほとんどの場合は挙手による採決でした。数千人もいる参加者の挙手をどう数えたのか興味のあるところですが、研究者によれば、議長団がざっと見回した上で、概算で多数を決めたようです。民会が開かれるに先立って評議会が開かれ、議題を選び、提案を用意しました。民会ではこれを審議したわけですが、評議会による提案が否決されることもしばしばありました。いずれにせよ、具体的な提案の採否を最終的に決めたのは多数決でした。ものごとに最終的に白黒をつけるという意味で、多数決に一定の有効性があることは間違いありません。

近代における社会契約論の理論家たちも、社会契約そのもの、すなわち、政治的共同体に加わる契約は全員一致でなければならないとしましたが（逆にいえば、賛成しなかった個人は、その政治的共同体の一員になりません）、その後の政治的共同体の意思決定については、多数決を認めています。そのもっとも極端な例がルソーで、何が一般意志であるかを決めるにあたっては多数決を行い、自分の反対意見の方が多数であれば、「自分が間違っていた」ことになるとします。むしろ一般意志を強制されることで「自由」になるという問題の表現も、このような論理の延長線上にありました。その意味でいうと、A1の表現も理に適《かな》っていることになります。

とはいえ、本書でみてきたように、多数決を中心とする民主主義に対して、歴史的に多様な批判がなされたのも事実です。初期の最大の批判者はプラトンです。師であるソクラテスが民衆裁判で死刑にされたことを受けて、多数者の決定だからといって正しいとは限らないことを、敢然と主張したのです。彼が「イデア」と呼んだ真理は一つであり、数学の定理を多数決にかけても仕方がないように、何が善であるかを多数決で決めることは無意味でした。それゆえに、統治は何が善であるかを知る哲人によってなされるべきであるという「哲人王」の議論も出てきたわけです。「多数による決定が正しいとは限らない」ということもまた、民主主義の歴史とともにいわれ続けてきたことを忘れるわけにはいきません。

アメリカ独立の指導者たちが、民主政という言葉よりも共和政という言葉を好んだことについても触れました。彼らにとって、「多数者の利益」が支配すべきではなく、「公共の利益」が実現されることが大切でした。例えば、第三代大統領のトーマス・ジェファーソンは就任にあたって次のように演説しました。「万人は（中略）この神聖な原則を肝に銘じるだろう。それは多数派の意志はいかなる場合でも勝利するが、その意志が正しくあるためには理に適っていなければならないという原則、少数派も多数派と同じ権利を持ち、法の平等はその権利を保障し、それを侵害するのは抑圧であるという原則である」（ジョン・ミーチャム『トマス・ジェファソン　権力の技法』下巻、森本奈理訳、白水社、一三一頁）。ここにA２の主張もまた、広く注目されるに至りました。

このような視点は、コンスタンやトクヴィルらの一九世紀の自由主義思想家たちによってさらに発展させられました。ミルはその『自由論』において、少数派の意見を抑圧することは、もしその少数派が真理だった場合、取り返しのつかない損失になることを強調しました。仮に少数派が間違っているとしても、その批判を受け止めることがなければ、多数派の意見は硬直化し教条化するばかりです。ここに、少数派の権利と意見を尊重することなしに、民主主義もまた存続しえないという原則が確立したのです。

その意味で、A1は正しいが、それはA2の条件をみたす限りにおいてである、というのが答えになるでしょう。

民主主義とは選挙に尽きるのか

二つ目は選挙をめぐる問いかけでした。

B1「民主主義国家とは、公正な選挙が行われている国を意味する。**選挙を通じて国民の代表者を選ぶのが民主主義だ**」

B2「民主主義とは、自分たちの社会の課題を自分たち自身で解決していくことだ。**選挙だけが民主主義ではない**」

歴史的にみれば、選挙は必ずしも民主主義と一体ではありませんでした。アリストテレスは、民主主義にふさわしいのは抽選であり、選挙はむしろ貴族政的な性格をもつと指摘しました。抽選であれば、すべての市民が公職に就く可能性がありますが、選挙で選ばれるのはどうしても特定の人々に限られるからです。同様のことは議会制についてもいえます。西欧における議会制の起源を遡れば、封建社会における身分制議会にたどり着きます。国王が課税のための同意を取りつけるために、各身分の代表を召集して開催したのが議会制の始まりでした。これは直ちには、民主主義と結びつくものではありません。

このような歴史的起源をもつ議会制は、近代の過程でその性格を大きく変化させます。西欧において、次第に国家システムが整備され、中央集権化が進むにつれ、議会は社会の力を背景に、国家に対して説明責任を求めるようになりました。このような議会が制度化されない場合、国家権力は専制化しましたが、逆に国家の機能が十分に発展しない場合、抵抗の力ばかりが強くなり無政府化が進みました。両者の間にバランスが取れたときにだけ、「狭い回廊」を通り抜け自由と繁栄が実現したとする、アセモグルとロビンソンの研究についても触れました。

同時に、議会は国民を代表する存在とみなされるようになっていきます。実に約一七〇年ぶりに開催されたフランスの三部会において、平民を代表する第三部会が自らを「国民議会」と名乗り、フランス革命の口火を切ったのは、その象徴的な出来事でした。これを理論化したシェイエス（シーエス）が、「第三身分とは何か、すべてである」という有名な言葉を記したパンフレット『第三身分とは何か』は、近代の代表制民主主義の幕開けを告げる文章となりました。

フランス革命に先立ち、英国本国で自らの声が代表されていないことに不満を募らせた北米植民地の一三邦は、大陸会議を開催し、独立を決意することになります。まさに議会こそが、新たな共和国の中心であることを示した一瞬でした。やがて生まれたアメリカの連邦議会は、フランスの国民議会、立法議会、国民公会などとともに、立法府中心の民主主義の時代の主役となりました。一般性をもった合理的な立法によって社会の改革を実現できるとする時代の精神が、これを後押しします。

一九世紀においてはさらに、選挙権の拡大がみられました。すべての個人の平等を掲げた人権宣言によって始まったフランス革命ですが、女性は参政権から排除され、男性だけの「普通選挙」ですら一回しか行われませんでした。普通選挙実現への道のりはけっして平坦なものではなく、選挙権の漸進《ぜんしん》的な拡大によって、時間をかけてようやく達成されたのです。

しかし、このように選挙権が拡大すれば、それで民主主義が実現したかといえば、疑問が残ります。そもそも古代ギリシアにおいて、民主主義は一般の市民が民会に参加し、平等な立場で発言し、最終的に一票を投じて意思決定を行ったことに由来します。市民は何が問題であるかを理解し、判断し、その決定を実行する公職者の責任を厳しく追及しました。まさに民主主義とは「参加と責任のシステム」だったわけです。これと比べれば、近代の議会制民主主義が民主主義である理由は、どうしても選挙で代表者を選ぶという一点に集中しがちです。

この点を厳しく批判したのがルソーでした。古代の都市国家に憧れたルソーにとって、議会制民主主義とは、選挙の日にだけ国民が主権者になるものの、それが終わればただの臣民に戻ってしまう仕組みに思えてなりませんでした。とくに、一人ひとりが、何が一般意志かを考えることもなく、すべてを代表者に一任してしまうような選挙では、自由とも民主主義とも程遠いというのがルソーの結論でした。

アメリカ東部のタウンシップの自治において、一人ひとりの市民が地域の課題を自分の問題として考えている様子に感銘を受け、『アメリカのデモクラシー』を執筆したトクヴィルも同様です。民主主義の本質は、市民が自ら問題解決にあたることで当事者意識をもつことにあります。自分たちの手で支えているからこそ、国や自治体に愛着がわき、それに貢献する意欲も生まれるのです。このような愛着や意欲もなしに営まれるものは、民主主義とは呼べないというのが、トクヴィルの信念でした。一般意志を強調し、単一不可分の共和国を掲げるルソーと、分権的な社会と地方自治を理想とするトクヴィルとでは、その点に限れば一八〇度違いますが、市民の主体的参加とそれに基づく当事者意識を重視する点で、同じ民主主義論の系譜に立ちます。

その意味で、近代だけをみればB1はそれなりに正しいのですが、古代以来の民主主義の姿に立ち戻るB2の立場からすれば、どうしても不満が残ります。参加の契機を縮小し、民主主義の機能をもっぱら代表者の選択に限定したシュンペーターのような議論は、いささか極端なものにみえます。かといって民主主義の理念を明確にしようとするあまり、討論と議会制を自由主義として分離し、もっぱら人々の同質性と「喝采」に民主主義の本質を求めたシュミットの議論もまた、現代の私たちには受け入れがたいものがあります。

B1とB2の関係を、対抗的でありつつも相互補完的に捉えるのが、妥当なのではないでしょうか。

制度か理念か

最後は、民主主義は制度なのか、それとも理念なのかという問いかけです。

C1「**民主主義とは国の制度のことだ。**国民が主権者であり、その国民の意思を政治に適切に反映させる具体的な仕組みが民主主義だ」

C2「**民主主義とは理念だ。**平等な人々がともに生きていく社会をつくっていくための、終わることのない過程が民主主義だ」

古代ギリシアにおいては、制度と理念の分離はみられませんでした。アテナイの民主主義の最盛期には、すべての市民が民会に参加する資格をもち、抽選で公職に就き、民衆裁判で判決を下しました。クレイステネス以降の改革により、さまざまな血縁・地縁のしがらみを断ち人々が自由に発言できるよう、入念な制度的基礎が確立されてのことでした。もちろん、民主主義に対する批判はつねにあり、ときに僭主が力をもつこともありました。とはいえ、長期にわたって民主主義の諸制度が維持され、強化されたのは、民主主義を良しとする市民の理念があってこそのものでした。

これと比べると、近代において、議会制を中心に民主主義の諸制度が発展しますが、もっぱら選挙に民主主義の主眼が置かれたため、人々が主権者として自ら政治に参加し、自分たちの問題を自分たちで解決するという民主主義の理想との間には、どうしても距離がありました。この点をストレートに表現したのがダールです。ダールが民主主義と区別して、あえて「ポリアーキー」なる新語をつくり出したのも、このようなギャップをはっきりさせるためでした。

ダールは民主主義の基準を、「政治的平等」、「有効な参加」、「知識や情報の普及」、「決定すべき事項の選択権」、そして「包括性」に求めました。すべての市民が政治に参加する平等な権利をもち、自ら決定すべき事項を選択し、必要な知識や情報を得て、有効に自らの考えを反映させる機会があることが民主主義に不可欠だと考えたのです。もちろん、それが現実に実現しているかは別問題です。むしろ「複数の支配」を意味する「ポリアーキー」という言葉をダールが使ったのは、現実には、良くて複数の主体による競争的な支配があるだけであり、これをより良いものにしていくのが実際的であると考えたからです。さらにいえば、一つ間違えば、名目的な選挙を口実に、実際には寡頭制が支配してしまうことがしばしばです。ダールが民主主義という理想と、現実とのギャップを直視しようとしたことを忘れるわけにはいきません。

トクヴィルが、現実の統治の仕組みとしての民主主義と同時に、歴史を通じての平等化への不可逆の趨勢を合わせて「デモクラシー」と呼んだことも重要です。本書では、あくまで具体的な制度としての民主主義に注目してきましたが、より広い意味で「デモクラシー」をいうならば、そこには永久に終わらない平等化へのあゆみと、それに基づく人々の生き方の変化が含まれるはずです。

またロールズは、「無知のヴェール」という理論的な仕掛けによって正義の二原理を示す一方、人々がそれを自らの道徳的判断と突き合わせ、繰り返し検証していくことを説きました。正義の原理を論理的に演繹するだけでは不十分であり、人々が正義感覚、すなわち、他者を配慮して行為することへの感覚もしくは能力を涵養していくことに期待したのです。権利、自由と機会、収入や富などの基本財が、公正に配分されるための社会の基本構造が重要であることはいうまでもありませんが、人々の間に正義感覚が定着することで、正義の原理がより実効的になっていくことを重視したといえます。ここにも制度と理念を結びつけようとする努力がみられます。

その意味でいえば、C1とC2の両側面があることを前提に、両者を不断に結びつけていくことこそが重要だといえるでしょう。

その上で、民主主義がいまだ制度化の途上にあることについても、指摘しておかなければなりません。民主主義には二五〇〇年を超える歴史があるといいましたが、古代ギリシアを別にすれば、近代において民主主義の具体的な制度化が進んだのは、この二世紀にすぎません。その制度が完成したものであるとは到底いえず、むしろ今後も試行錯誤によって制度を充実させていく必要があります。

一方において、政党や政治家、あるいは代議制民主主義一般に対する不信が現在募っています。民主主義といいつつ、現実には国民の声は政治に十分反映されることがなく、職業政治家を中心とする一部の人々が密室で決定しているのではないか。社会の多様な利害を反映するとされる政党も、現実にはそれほどの多様性はなく、政党の一体性を支える共通の原理など存在しないのではないか。このような疑いがポピュリズムの温床となっていることは明らかです。アーレントが社会のいかなる組織からも脱落し、自らを代表しない議会制を敵視した「モッブ」を指摘したことの意味が、ますます重く感じられます。

他方、執行権が強化されるなかで、政党や議会はそれを十分にチェックすることができず、民主主義の力が十分に及ばなくなっている点も深刻です。ウェーバーが「完全に無力な議会」と「政治教育のひとかけらも受けていない国民」を嘆いたのは今から百年前のことですが、今もさほど状況は変わっていないともいえます（あるいはむしろ、それがより深刻になっています）。この隘路《あいろ》を、強力な大統領によって打破しようとしたウェーバーの挫折を繰り返すわけにはいきません。

その意味で、「大統領化する民主主義」に警鐘を鳴らし、執行権力の民主的統制により「良き統治」を実現することを主張するピエール・ロザンヴァロンの主張を踏まえ、さらなる制度改革を実現すべきでしょう。ロザンヴァロンは、近代の民主主義をめぐる議論が、立法権中心になったことを問題視します。たしかに一つの民意を議会が代表し、それを執行権が実現することをもって、民主主義の本質とみなす考え方は有力です。しかしその一方、現実の政治をみれば、重要なのはむしろ執行権です。この執行権を直接的に民主的な統制の下に置かない限り、民主主義は実質化しないとするロザンヴァロンの問題提起は重要です。

ロザンヴァロン自身は政府活動の透明性を検証し、公共政策をめぐる民主的な議論の質を高め、さらに統治者の監視を行う組織を提案していますが、いずれも今後の課題です。情報の公開、オープンデータ化を進め、市民が自ら政策提案を行うことも、執行権中心の時代に民主主義を前進させるための大きな手段です。市民は立法権を媒介とすることなしに、より直接的に執行権に対しアイディアを寄せ、同時にその活動をチェックすべきなのです。

四つの危機を乗り越えて

最後に、序で指摘した現代社会の四つの危機について、展望を示してみたいと思います。四つの危機とは、ポピュリズムの台頭、独裁的指導者の増加、第四次産業革命とも呼ばれる技術革新、そしてコロナ危機でした。いずれも深刻であり、容易に解決策を示せないものばかりですが、本書の視座から指摘できることを述べておきましょう。

第一のポピュリズムについては、本書でも指摘してきたように、必ずしも新しい現象ではありません。既成の政治システムがゆきづまった際に、高まる不満や不安を受けて、あるいはそのような不満や不安を梃子に、権力の座に就く指導者はいつの時代にもいました。遡れば古代ギリシアにおける僭主から、ウェーバーの人民投票的な大統領まで、その例は枚挙に暇がありません。そして、そのように台頭した政治家が、しばしば問題を解決するどころか、むしろ混乱させてきたことも歴史の教えるところです。

現代のポピュリズム政治家は、そのような指導者の現代版ともいえますが、代議制民主主義への不信とグローバルな格差拡大を背景としている以上、両者の解決なしには、容易に乗り越えることはできません。

代議制民主主義への不信については、選挙や政党のあり方についての刷新が不可欠でしょう。自由な社会に党派対立が不可避であることを認めた上で、対立のあり方を細かく制御する一方、政党の側にも厳しい自己規律を求めたのが近代政治でした。その意味で、特定の集団が支配的地位を占めることを警戒したミル、政治家や政党の厳しい競争を求めたシュンペーター、社会の多元性を重視したダールの教えは今日でも有効です。政党間の競争をより実効的に保障すると同時に、批判とそれへの応答による政治の透明性の実現が求められます。特定の人間に二票以上を与えるミルの複数投票制は直ちには受け入れられないとしても、一票を分割して複数の政治家や政党に投票したり、重視する争点に傾斜的に票を投じたりする方法を考えることは十分に可能でしょう。

後者のグローバルな格差拡大にも、容易に解答をみつけることができません。本書でも触れたピケティが提案する国際的な資産課税は、間違いなく今後の重要な課題です。民主主義にはどうしても、一定の経済的・社会的な平等が不可欠です。不平等が拡大するに任せてしまえば、民主主義を維持することは不可能になります。ロールズもまた現代の福祉国家を超えた、財産所有の民主主義を提唱しました。グローバルな財産所有の民主主義を模索することが、二一世紀民主主義の最大のアジェンダとなります。

第二の独裁と民主主義についての比較は、この本全体がその答えとなるでしょう。短期的にみれば、独裁的手法が効果をもつことは十分にありえます。しかしながら、政治システム全体が長期的に発展するためには、民主主義の方がはるかに有効です。

その理由の第一は、民主主義が政治参加の機会拡大により人々の当事者意識を高め、そのエネルギーを引き出すということです。独裁体制の下では、人々は受動的になり、すべてを権力者に依存することになります。そのような仕組みが長期的に持続可能とは思われません。第二に、民主主義は多様性を許容する政治システムです。その前提にあるのは、政治や社会の問題についてつねに唯一の答えがあるわけではなく、多様なアイディアに基づく試行錯誤が不可欠であるという考えです。民主主義はしばしば誤った決定を下しますが、それを自己修正し、状況を立て直す能力をもつのも民主主義です。

たしかに、これまでの民主主義論が欧米を中心に発展してきたことは否定できません。それゆえのバイアスや偏見があることも間違いないでしょう。とはいえ、元はといえば、古代ギリシアと近代ヨーロッパの間にも大きな断絶があります。民主主義の理解についても、言葉の上ではともかく、その内実において両者に大きな違いがあることをここまで確認してきました。

ある意味で、近代ヨーロッパは、古代ギリシアの民主主義に憧れつつ、結局、それと似ていても本質的に異なる代替品に満足してきたのかもしれません。そうだとすれば、今こそ、グローバルなレベルで真の民主主義を実現するアイディアを競い合う時期なのではないでしょうか。

第四次産業革命と民主主義の未来図

第三の第四次産業革命とも呼ばれる技術革新とそれに対応する民主主義の構想は、本書の射程を大きく超えています。ＡＩによって人間の仕事が奪われ、無用となった多くの人々はデジタル専制に屈するのではないかという暗鬱な未来予想が語られるなか、あらためて「人間とは何か」が問い直されるべきでしょう。人間は言葉の論理だけでなく、その文脈や意味について考えることができます。他の人間を、その感情を含めて理解しようとし、意見を交わし、ケアすることができるのも人間固有の能力でしょう。そのような人間固有の能力をいかに見定め、発展させられるか。人類の未来は、そこにかかっているのではないでしょうか。

民主主義を基軸に人類の歴史を振り返ってきた本書の視座からすれば、平等化のメカニズムは停滞したり、一時的に逆行したりすることがあっても、最終的には平等化を隔てるさまざまな障壁を破壊して前進していくはずだ、という前提がまず基本になるべきです。もちろん、このような流れを逆転するような大転換が現在起きている可能性を、完全に否定することは難しいでしょう。とはいえ、人間を階層化し、あるいはカースト化する仕組みを一つひとつ打破してきた歴史の方向性をひっくり返し、人々を隔てる構造を新たに打ち立てることはけっして容易ではないはずです。

トクヴィルが指摘したように、そのような平等化は、必ずしも人々の善意によって実現するわけではありません。自らの権力欲から貴族を打倒し、結果的に平等化への道を開いた国王のように、多くの人々は、それと自覚することなしに、平等化に貢献してしまうのです。火器や戦争もまた、これまでの社会のあり方を突き崩すことで、社会の変化を加速させました。

トクヴィルは印刷術や郵便もまた平等化を促進したといいます。これらの発達は、それまで特定の集団に独占されていた知や情報へのアクセスを、より多くの人々へと開放するチャンネルとなったからです。そうだとすれば、今日のテクノロジーの発展はどうでしょうか。

より多くの人々が情報やデータにアクセスするのみならず、自ら発信することを可能にするSNSの技術は、文字通り、人々を「デモクラタイズ（民主化）」します。巨大な資本や設備がなくても、人々が製品や作品を容易につくることを可能にする3Dプリンターのような機械は、大組織中心の社会をより「フラット」なものにするでしょう。AIは多くの人間の労働を代替し、あるいはより効率的なものとし、さらに人間の把握や予測の能力を高めるという意味では、人間の能力を補完し、強化するものといえます。

そのようなテクノロジー進化の果実を独占することで、デジタル専制主義が実現するのか、あるいはAIによる民主主義のバージョンアップが達成されるかは予断を許しません。しかしながら、長期的には人々は新たな技術を通じて、政治の透明化を実現し、市民のアイディアをより直接的に政治や行政へと結びつける可能性を拡大していくことに、私たちは賭けるしかないと思われます。

いずれにせよ、これまでの産業革命がそうであったように、技術の変化と社会の変化の間には時差があります。第四次産業革命によって、民主主義を含め、さまざまな政治や社会のあり方が変化し、人々の生活や価値観がそれに適応するまで、あと数十年を要するものと思われます。二〇世紀前半に自由民主主義が社会主義とファシズムの挑戦を受けたように、二一世紀前半も、自由民主主義とそのチャレンジャーの競争が続くのかもしれません。

最後に、第四のコロナ危機です。これは現在進行中であり、予断を許しません。ただし、危機が続くことで、安易にリーダーシップに期待するだけでは問題が解決しないことに人々は気づき始めています。ウィルス感染の確実な防止策がまだない以上、今後も試行錯誤を続けていくしかありません。独裁的な対応は一時的には有効にみえても、自由で多様なアイディアの表出や実験を許さない以上、長期的には選択肢を狭める結果になります。より重要なのは、一人ひとりの市民による自覚的な取り組みの強化であり、政府への信頼を高めることで、有効な取り組みを社会的に共有していくことではないでしょうか。

パンデミックを通じた国家権力の拡大、とくに追跡アプリを通じた個人情報の把握や、それに基づく個人の生の管理については、今後も慎重に監視していく必要があります。大量の個人情報を掌握する国家や、グローバルなプラットフォーム企業による情報独占をチェックしていくためには、国境を超えた市民社会の強化が不可欠です。本書で繰り返し強調してきたように、自由と民主主義にとっての鍵は国家と社会の緊張ある関係です。二一世紀において、社会とはグローバルに連帯した市民社会を指すはずです。いまは国境の壁が閉ざされ、人々の自由な交流が妨げられ、自国中心的なメンタリティが横行していますが、いずれこれを乗り越える動きが生まれてくるでしょう。そのためにも、人と人との新たな距離感に基づいて、人と人とを結びつける民主主義の技術を磨くべきです。

コロナ危機は、私たちに大切なものは何か、あらためて問い直すきっかけとなりました。何より大切なのは人々の安全でしょう。多くの生命が失われる危険に全力で立ち向かわなければならないことは明らかです。その一方、危機が長期化するとともに経済活動の停滞による影響も深刻化していきました。日々の生産や流通、消費の活動が大きく損なわれるなか、失業や休業によって生活を脅かされる人も増加していきます。安全を優先すれば経済活動にとっての障害となりますが、安易に経済活動を再開すれば感染の再拡大は免れないでしょう。人々の自由や社会的公正も、安全や経済とは独立した、そしてそれに劣らない重要な価値です。安全を重視するあまり、個人のプライバシーを侵害することには最大限、警戒的であるべきです。同時に、感染のダメージは、社会のなかでより弱い立場の人に大きなものとなります。負担をいかに社会的に共有していくかも重要な課題です。安全、経済、自由は同時に実現が難しい、いわばトリレンマです。いずれかを優先すれば、他のいずれかが必ず損なわれます。この難局を民主主義がいかに乗り越えていけるかが、今後の最大のテーマになるでしょう。

何を信じるべきか

最終的に問われるのは、私たちの信念ではないでしょうか。厳しい時代においてこそ、人は何を信じるかを問われるのです。

第一に、「公開による透明性」です。古代ギリシアで成立した「政治」とは、公共の議論を通じて意思決定を行うことへの信念でした。力による強制でもなければ、利益による誘導でもなく、あくまで言葉を通じて説得し、納得した上で決定に従いたい。これこそが、自由な人間にとって何より大切であるとする理念を、現代に生きる私たちもまた共にしています。そのためにも、情報の公開やオープンデータはもちろん、政策決定過程をより透明度の高いものにしていく必要があります。

第二に、「参加を通じての当事者意識」です。私たちは、自分と関わりのないことには、いくら強制されても力を出せません。これはまさに自分のなすべき仕事だ、自分たちにとってきわめて大切な事柄だと思えてはじめて、主体的に考え、自ら行動する動機が生じます。逆に自分に深く関わることに対して無力であり、影響を及ぼすことができないという感覚ほど、人を苛《さいな》むものはありません。私たちは身の回りのことから、環境問題など人類全体の問題にまで、生き生きした当事者意識をもちたいと願っています。民主主義とは、そのためにあるのです。

第三に、「判断に伴う責任」です。政治においては責任の問題が不可避です。一つひとつの判断が社会や人類の将来に影響を与え、場合によっては多くの人々の暮らしや生死にかかわるだけに、政治的決定には責任が伴います。といっても、責任を問われるのは、特別なリーダーだけではありません。ごく普通の人々が、自らの可能な範囲で公共の任務に携わり、責任を分《わか》ちもつことが、民主主義にとって重要です。責任を負担として捉えるのではなく、自分たちにとって大切なものを預かり、担っているという感覚として理解するならば、それはむしろ人間に生きがいと勇気を与えるのではないでしょうか。

個人は相互に自由かつ平等であり、それを可能にする政治・経済・社会の秩序を模索し続けるのが人間の存在理由です。民主主義をどこまで信じることができるのか、それがいま、問われています。

おわりに

　民主主義について過不足ない本を書いてみたい、そう思ってこの本を執筆しました。何か民主主義についての新説を唱えたいわけではありません。昨今、「熟議民主主義」、「闘技民主主義」、「デジタル民主主義」など、「〜民主主義」といった言葉も少なくありませんが、本書で新たな民主主義の分類を提案したいわけでもありません。民主主義について押さえておくべき基本を一つひとつ丁寧に確認し、その上で、この民主主義という正体のつかみにくいものを、自分の手でしっかり握りしめたいというのが本書の願いです。

　こんな本を書いてみたいと前から思っていましたが、何度か着手して、その都度、途中で放棄していました。やはり、基本が一番難しい、そう痛感しました。過不足ない本を書くのは容易ではないのです。

　皮肉なことに、この本の執筆に集中したのは、コロナ禍が世界を襲った時期に重なります。日頃、講義や演習、原稿執筆はもちろん、講演や地域調査などで慌ただしい日々を送っていたのが、二〇二〇年二月の後半以降、パタリと外に出る予定がなくなりました。大切な研究会、シンポジウム、講演などの機会がなくなったのは残念でしたが、多くの人々が新型コロナウィルスで苦しんでいるなか、無事でいられるだけありがたいことだと感じました。そうであればむしろ、前々から書きたかったこの本に、本格的に取り組む好機がいよいよ来たと考えることにしたのです。

最初、本書ではコロナの話には触れないつもりでした。この本は古代ギリシア以来、二五〇〇年以上にわたる民主主義の歴史を振り返るものです。長い歴史的射程をもつ、骨太なものを書くためには、あまり時事的な話題に深入りするのは困り物です。なるべく禁欲的に行こうと思いました。

ところが、いったん原稿を書き上げてから、実際に刊行されるまでには少し時間がありました。この間、コロナ危機をめぐる解説的な記事をいくつか執筆する機会をいただいたのですが、次第に、今の自分たちが直面するこの大問題にまったく触れないのも不自然であると思うようになりました。最終的には、抑制的にではありますが、コロナ問題と民主主義の関わりについても触れています。おそらくコロナ以降の民主主義は、これまでと大きく違ったものになるでしょう。ただ、むしろ、コロナ禍の下で日々を過ごすという緊張感のようなものが、本書を通じて表れているとすれば、そのほうが著者としての本意に近いと思っています。

この本は、民主主義について考えたいと思っている方に、広く手にとってもらいたいという願いの下で書かれました。さらには、民主主義について少し懐疑的になっている方、あるいはむしろ民主主義に対して反発を感じている方にも読んでほしいと思っています。そういう人からすれば、この本は「民主主義は正しい」という前提の下、これを解説する教科書的なものにみえるかもしれません。

しかしながら、本書を書き上げて思うのは、むしろ民主主義の曖昧《あいまい》さ、そして実現の困難さです。民主主義には、二五〇〇年以上もの歴史がありますが、そのほとんどの期間において、この言葉は否定的に語られてきたのです。出てくるのはむしろ、「民主主義が正しいとは限らない」、「民主主義など不可能ではないか」、「民主主義はもう終わりだ」といった評価ばかりです。肯定的に語られるようになったのは、例外的な時期を除けば、ここ二世紀ほどに過ぎません（この二世紀の間にも、相当に多くの批判がありました）。

その意味では、民主主義批判はまったく新しくありません。しかも、多くの場合、民主主義に込められたイメージは実に多様でした。民主主義批判の歴史とは、それぞれの人が民主主義という言葉にことよせて、違う何かを批判してきた歴史といえるかもしれません。

筆者自身、現在の世の中で、民主主義の名の下に行われていることすべてを擁護する気はありません。その美名（といえるか怪しいですが）において、いかに多くの欺瞞、不正、隠蔽《いんぺい》が横行しているか、認めるのにやぶさかでありません。それどころか、本書のなかでも強調しているように、現在、「民主主義」と呼ばれているものが、本当にその名にふさわしいものなのか、疑問に思っているというのが正直なところです。

読者のなかには、筆者が何かきわめて理想主義的な民主主義のイメージをもっていて、そのイメージに基づいて、現実を批判しようと思っていると理解される方もいらっしゃるかもしれません。たしかに筆者は、民主主義という言葉が生まれた古代ギリシアに特別の意義を認めます。しかし、その理想をもって、現実が違うと批判することがこの本の趣旨ではありません。むしろ、古代ギリシアのそれとは大きく異なるものの、民主主義の名の下に発展してきた現実を、それなりにきちんと評価してあげたい、その上で、批判すべきは批判し、それでもなお大切にすべきものは大切にしたい、それが本書の願いなのです。

ある意味で筆者は、民主主義にある種の「懐かしさ」を感じています。歴史のなかで大きく変質し、ひどく曖昧になってしまった部分もあるけれど、またその名前の下に多くの過《あやま》ちがなされたのも事実だけれど、民主主義はそれでもなんとか生き延びてきた、そのことを素直に良かったと思うのです。民主主義には、歴史の風雪を乗り越えて発展してきた、それなりの実体があるのです。本書ではそれを、自由で平等な市民による参加と、政治的権力への厳しい責任追及として分析してきました。

このような民主主義の未来は、必ずしも平坦ではないかもしれません。そのことは本書で繰り返し論じてきた通りです。それでも、今後いかなる紆余《うよ》曲折《きょくせつ》があるにせよ、いくつもの苦境を乗り越えて、民主主義は少しずつ前に進んでいく、そう信じて本書を終えることにします。

＊

最後に感謝の言葉を。本書で触れた多くの議論は、多くの貴重な先行研究によるものです。新書という形式もあり、引用や参照は最低限に留めてありますが、それ以外にも多くの研究者から大きな学恩を受けていることを記しておきたいと思います。とくに木庭《こば》顕《あきら》先生の『デモクラシーの古典的基礎』（東京大学出版会）をはじめとする諸著作、さらに橋場弦先生の『民主主義の源流　古代アテネの実験』（講談社学術文庫）は、第一章はもちろん、本書全体を貫く視座を与えてくださいました。橋場先生の著作からは、「参加と責任のシステム」という着想もいただいています。ここに深く感謝いたします。

編集を担当してくださいました講談社の山崎比呂志さんと坂本瑛子さんにも、心からのお礼を申し上げたいと思います。山崎さんとは、拙著『トクヴィル　平等と不平等の理論家』（現在は講談社学術文庫）以来のお付き合いです。長らくお待たせしましたが、ようやく形になったことを共に喜びたいと思います。坂本さんは構想段階から刊行の最終段階に至るまで、一貫してお世話になりました。その間に坂本さんはお子さんを出産され、日々の育児に追われるなか、本書のためにご尽力くださいました。本書は、坂本さんの職場復帰後、最初のお仕事となります。この本が、これから多くの若い世代に読んでもらえることを願ってやみません。

若者のことばかりを書くのは適切ではないでしょう。本書の一部は、二〇一九年度後期に開催された、認定ＮＰＯ法人かわさき市民アカデミーのワークショップ「民主主義とは何か」でお話ししたものです。実は本書は、このワークショップのときまでに刊行されているはずで、それをテキストに議論をするつもりでした。ところが間に合わないということで、いろいろな教材を使って議論をしましたが、受講生の皆さんに大いに盛り上げていただきました。そのときの議論が、本書のここかしこに反映されているはずです。シニア世代が多かった受講生の皆さん、それからコーディネーターの稲田素子さんに感謝いたします。

最後に、コロナ問題はもちろん、世界や日本の各地で、社会の直面する課題と奮闘している皆さんにこの本を捧げたいと思います。民主主義は、そのような方々にとって、最大の味方であると確信しています。

いつもと違う、それでも暑い夏の日に

二〇二〇年八月

宇野重規

参考文献

序

・水島治郎『ポピュリズムとは何か　民主主義の敵か、改革の希望か』中公新書、二〇一六年
・ブランコ・ミラノヴィッチ『大不平等　エレファントカーブが予測する未来』立木勝訳、みすず書房、二〇一七年
・サミュエル・P・ハンチントン『第三の波』坪郷実・薮野祐三・中道寿一訳、三嶺書房、一九九五年
・フランシス・フクヤマ『政治の起源　人類以前からフランス革命まで』（上・下）会田弘継訳、講談社、二〇一三年
・ユヴァル・ノア・ハラリ『サピエンス全史』柴田裕之訳、河出書房新社、二〇一六年
・ユヴァル・ノア・ハラリ『ホモ・デウス』柴田裕之訳、河出書房新社、二〇一八年

第一章

・木庭顕『デモクラシーの古典的基礎』東京大学出版会、二〇〇三年
・ジョン・キーン『デモクラシーの生と死』森本醇訳、みすず書房、二〇一三年
・ドナルド・グリンデ、ブルース・ジョハンセン『アメリカ建国とイロコイ民主制』星川淳訳、みすず書房、二〇〇六年
・トゥーキュディデース『戦史』（上・下）岩波文庫、久保正彰訳、一九六六―一九六七年
・モーゼス・フィンリー『民主主義　古代と現代』柴田平三郎訳、講談社学術文庫、二〇〇七年
・バーナード・クリック『デモクラシー』岩波書店、二〇〇四年
・橋場弦『民主主義の源流　古代アテネの実験』講談社学術文庫、二〇一六年
・伊藤貞夫『古代ギリシアの歴史　ポリスの興隆と衰退』講談社学術文庫、二〇〇四年

第二章

・ダロン・アセモグル／ジェイムズ・ロビンソン『自由の命運　国家、社会、そして狭い回廊』櫻井祐子訳、早川書房、二〇二〇年
・バリントン・ムーア『独裁と民主政治の社会的起源』宮崎隆次・森山茂徳・高橋直樹訳、岩波文庫、二〇一九年
・A・ハミルトン／J・ジェイ／J・マディソン『ザ・フェデラリスト』斎藤眞・中野勝郎訳、岩波文庫、一九九九年
・トクヴィル『アメリカのデモクラシー』松本礼二訳、岩波文庫、全四巻、二〇〇五―二〇〇八年
・ルソー『人間不平等起原論』本田喜代治・平岡昇訳、岩波文庫、一九七二年
・ルソー『社会契約論』桑原武夫・前川貞次郎訳、岩波文庫、一九五四年

第三章

・B・コンスタン『近代人の自由と古代人の自由・征服の精神と簒奪他一篇』堤林剣・堤林恵訳、岩波文庫、二〇二〇年
・ジョン＝スチュアート・ミル『女性の解放』大内兵衛・大内節子訳、岩波文庫、一九五七年
・ジョン＝スチュアート・ミル『ミル自伝』朱牟田夏雄訳、岩波文庫、一九六〇年
・ジョン＝スチュアート・ミル『自由論』関口正司訳、岩波文庫、二〇二〇年
・ジョン＝スチュアート・ミル『代議制統治論』関口正司訳、岩波書店、二〇一九年
・ピエール・ロザンヴァロン『良き統治　大統領制化する民主主義』古城毅・赤羽悠・安藤裕介・稲永祐介・永見瑞木・中村督訳、みすず書房、二〇二〇年
・バジョット『イギリス憲政論』小松春雄訳、中公クラシックス、二〇一一年

第四章

・マックス・ウェーバー『プロテスタンティズムの倫理と資本主義の精神』大塚久雄訳、岩波文庫、一九八九年
・マックス・ウェーバー「新秩序ドイツの議会と政府」『政治論集』中村貞二・山田高生・脇圭平・嘉目克彦訳、みすず書房、一九八二年
・マックス・ウェーバー『職業としての政治』脇圭平訳、岩波文庫、一九八〇年

・カール・シュミット『政治神学』田中浩・原田武雄訳、未來社、一九七一年
・カール・シュミット『政治的なものの概念』田中浩・原田武雄訳、未來社、一九七〇年
・カール・シュミット『独裁　近代主権論の起源からプロレタリア階級闘争まで』田中浩・原田武雄訳、未來社、一九九一年
・カール・シュミット『現代議会主義の精神史的状況　他一篇』樋口陽一訳、岩波文庫、二〇一五年
・エーリッヒ・フロム『自由からの逃走』日高六郎訳、東京創元社、一九五二年
・ヨーゼフ・シュンペーター『資本主義・社会主義・民主主義』中山伊知郎・東畑精一訳、東洋経済新報社、一九九五年
・ロバート・ダール『統治するのはだれか』河村望・高橋和宏訳、行人社、一九八八年
・ロバート・ダール『ポリアーキー』高畠通敏・前田脩訳、岩波文庫、二〇一四年
・トマ・ピケティ『21世紀の資本』山形浩生・守岡桜・森本正史訳、みすず書房、二〇一四年
・ハンナ・アレント『人間の条件』志水速雄訳、ちくま学芸文庫、一九九四年
・ハンナ・アーレント『全体主義の起原』1反ユダヤ主義、大久保和郎訳、2帝国主義、大島通義・大島かおり訳、3全体主義、大久保和郎・大島かおり訳、みすず書房、全三巻、二〇一七年（新版）
・ジョン・ロールズ『正義論　改訂版』川本隆史・福間聡・神島裕子訳、紀伊國屋書店、二〇一〇年
・ジョン・ロールズ『公正としての正義　再説』田中成明・亀本洋・平井亮輔訳、岩波現代文庫、二〇二〇年

第五章

・藤田省三『維新の精神』（藤田省三著作集4）、みすず書房、一九九七年
・藤田省三『精神史的考察』（藤田省三著作集5）、みすず書房、一九九七年
・三谷太一郎『日本の近代とは何であったか　問題史的考察』岩波新書、二〇一七年
・待鳥聡史『政治改革再考　変貌を遂げた国家の軌跡』新潮選書、二〇二〇年

結び

・ジョン・ミーチャム『トマス・ジェファソン　権力の技法』（上・下）森本奈理訳、白水社、二〇二〇年

講談社現代新書　2590

民《みん》主《しゅ》主《しゅ》義《ぎ》とは何《なに》か

二〇二〇年一〇月二〇日第一刷発行　二〇二三年五月一一日第一九刷発行

著者　宇《う》野《の》重《しげ》規《き》

発行者　鈴木章一

発行所　株式会社講談社

東京都文京区音羽二丁目一二―二一　郵便番号一一二―八〇〇一

電話　〇三―五三九五―三五二一　編集（現代新書）

〇三―五三九五―四四一五　販売

〇三―五三九五―三六一五　業務

装幀者　中島英樹

印刷所　株式会社新藤慶昌堂

製本所　株式会社国宝社

定価はカバーに表示してあります　Printed in Japan

N.D.C. 311.7　277p　18cm

ISBN978-4-06-521295-0

「講談社現代新書」の刊行にあたって

教養は万人が身をもって養い創造すべきものであって、一部の専門家の占有物として、ただ一方的に人々の手もとに配布され伝達されうるものではありません。

しかし、不幸にしてわが国の現状では、教養の重要な養いとなるべき書物は、ほとんど講壇からの天下りや単なる解説に終始し、知識技術を真剣に希求する青少年・学生・一般民衆の根本的な疑問や興味は、けっして十分に答えられ、解きほぐされ、手引きされることがありません。万人の内奥から発した真正の教養への芽ばえが、こうして放置され、むなしく滅びさる運命にゆだねられているのです。

このことは、中・高校だけで教育をおわる人々の成長をはばんでいるだけでなく、大学に進んだり、インテリと目されたりする人々の精神力の健康さえもむしばみ、わが国の文化の実質をまことに脆弱なものにしています。単なる博識以上の根強い思索力・判断力、および確かな技術にささえられた教養を必要とする日本の将来にとって、これは真剣に憂慮されなければならない事態であるといわなければなりません。

わたしたちの「講談社現代新書」は、この事態の克服を意図して計画されたものです。これによってわたしたちは、講壇からの天下りでもなく、単なる解説書でもない、もっぱら万人の魂に生ずる初発的かつ根本的な問題をとらえ、掘り起こし、手引きし、しかも最新の知識への展望を万人に確立させる書物を、新しく世の中に送り出したいと念願しています。

わたしたちは、創業以来民衆を対象とする啓蒙の仕事に専心してきた講談社にとって、これこそもっともふさわしい課題であり、伝統ある出版社としての義務でもあると考えているのです。

一九六四年四月　野間省一